W0370678

Vies et survies d'Elisabeth Halpern

DE LA MÊME AUTRICE

jean-jacques
HarperCollins « Traversée », 2021 ;
HarperCollins Poche, 2022.

LITTÉRATURE JEUNESSE

Les petites mains
illustrations de Vincent Bourgeau,
Thierry Magnier, 2018.

La Petite Vague bleue
illustrations de Pooya Abbasian,
Gallimard Jeunesse « Giboulées », 2020.

www.editionsphebus.fr

© Phébus/Libella, Paris, 2025
ISBN : 978-2-7529-1419-4

Carine Hazan

Vies et survies d'Elisabeth Halpern

roman

PHÉBUS

À ma grand-mère Joanna,
à ma mère Marie-Rose,
à ma fille Anouk.

« Eichmann m'a regardé, et il m'a dit : "Ton tour viendra, Juif." Je lui ai répondu : "Pas aujourd'hui, Adolf, pas aujourd'hui !" La minute suivante, la trappe s'est ouverte sous ses pieds. Eichmann a fait entendre un drôle de petit gargouillis. J'ai senti l'odeur de ses intestins qui se vidaient, puis j'ai entendu le claquement sec de la corde qui se tendait. C'est un bruit qui m'a paru agréable. »

Rafi Eitan *in* Gordon Thomas,
Histoire secrète du Mossad

I

Far far away

Elisabeth aurait pu être romancière. Elle s'était essayée à l'exercice dans le cadre d'ateliers d'écriture offerts par le Beth Weizmann Jewish Community Centre de Melbourne à une poignée de retraités survivants de la Shoah. Ses récits avaient ébloui l'animatrice qui l'avait alors considérée comme la plus talentueuse du groupe ; ce qu'Elisabeth avait aussitôt tempéré en rappelant que les autres participants consistaient en une bande de vieux gâteux qui rangeaient leurs clés dans le frigo et leurs courses dans l'armoire à chaussures, alors il n'y avait pas de quoi se pâmer.

Elisabeth aurait pu faire du stand-up. Une de ses *punchlines* les plus réussies vient ponctuer sa rencontre avec son premier mari. Nous sommes à Varsovie, au lendemain de la guerre ; Elisabeth travaille dans un bureau du Comité central des Juifs de Pologne, qui recense et vient en aide aux survivants, lorsqu'un homme se présente, brun, regard doux, yeux noirs, décline son identité, demande si

Rosa, Herman, Ella, Janusz et Yadwiga Rubinstein sont toujours en vie. Elisabeth lui apprend que seule Yadwiga pourrait avoir survécu. L'homme regarde Elisabeth, s'enquiert de l'heure à laquelle elle termine, elle répond cinq heures, il l'attend le soir même et deux semaines plus tard ils se marient. Elisabeth raconte qu'elle est instantanément tombée amoureuse de cet homme élégant (*and very sexy*), issu d'une famille de grands bourgeois de Varsovie, et qu'elle n'aurait jamais pu rencontrer, elle, cadette d'une famille de commerçants de Lvov, si la guerre ne les avait réunis. Mais elle eut la chance d'avoir un des marieurs les plus fameux de l'Histoire (et en anglais ça sonne mieux) : *Hitler was the matchmaker.*

Elisabeth aurait pu être espionne. Collectionnant les passeports, elle eut plusieurs identités : les vingt premières années de sa vie, elle fut Lea Lieberman ; puis à compter de mars 1942, à tout juste vingt ans, elle devint Elisabeth Raczyńska ; la guerre terminée, elle conserva ses vrais faux papiers et tour à tour fut Elisabeth Rubinstein à son premier mariage, Elisabeth Szedrowicz à son deuxième mariage, Elisabeth Halpern à son troisième mariage.

Jeune, Elisabeth avait des allures de star hollywoodienne. Sur une photo prise au début des années 1950, elle se tient debout au bord de la Baltique, foulard noué dans les cheveux, maillot de bain une pièce clair, enlacée à son deuxième mari ; il ressemble à Spencer Tracy, elle, à Katharine Hepburn, en plus ronde mais tout aussi scintillante.

Ses mèches blondes flottent autour de son visage juvénile et, dans son sourire, on devine une soif de vie ancrée, puissante, une gaieté arrachée au destin, à l'Histoire, aux millions de morts et aux fantômes. Une joie de l'enfance ; Lea, la plus jeune de la fratrie. S'il ne devait en rester qu'une, ce serait elle. Son père lui avait tendu un soir ce bâton de relais. D'une éternité à l'autre, la prodigieuse orpheline tiendrait sa promesse.

Elisabeth avait échappé à plusieurs jours d'un éprouvant voyage. À une sélection aveugle, aux coups, aux cris, aux hurlements, au fouet, aux chambres à gaz, aux crématoires. Elisabeth n'avait pas connu les camps. Elle avait éprouvé l'abjection des bûchers improvisés pour les Juifs sur les places de villages polonais, la morsure de la solitude quand deux de ses frères et sœurs furent raflés sous ses yeux, la peur persistante d'être démasquée et embarquée pour la mort, la tristesse sans fond de savoir son père rompu de faim et de solitude, à l'agonie dans le ghetto de Lvov.

Sur une dizaine de bobines VHS rongées par l'humidité, gravées depuis sur disques puis numérisées et propulsées sur le *cloud*, Elisabeth livre son témoignage à la Shoah Foundation de Steven Spielberg et à l'Holocaust Memorial de Melbourne ; elle porte un pull crème sur lequel a été brodé un roi de cœur et c'est ainsi qu'elle m'apparaît, comme l'incontestable roi de cœur de la lignée de femmes après elle.

Du ventre d'Elisabeth est née une fille du ventre de laquelle je suis sortie. En comparaison de sa flamboyance et de ses multiples talents, j'aurais envie de dire que je fais office de petite-fille pataude, décevante et sans charme. Cependant, comme dans la blague des trois rabbins dans un taxi new-yorkais[1], une petite voix me murmure : « Pour qui te prends-tu ? »

Elisabeth et moi avons toujours habité à près de dix-sept mille kilomètres l'une de l'autre et, depuis ma naissance, je l'ai vue une demi-douzaine de fois, à Melbourne ou à Paris. Je me souviens de ma perplexité lorsqu'une camarade d'école m'avait confié qu'elle rendrait visite à sa grand-mère *durant le week-end* : quel prodigieux moyen de transport avait-elle à sa disposition ? Ces dernières années, le voyage est devenu de plus en plus éprouvant pour Elisabeth, alors, dans l'attente de nos retrouvailles, nous décidons d'amorcer une correspondance. Ses lettres écrites en anglais (elle maîtrise sept langues mais pas un mot de français) sont émaillées de blagues et accompagnées de coupures d'articles relatant des faits divers abracadabrants – j'y apprends qu'un

1. Trois rabbins, en route pour un symposium, discutent dans un taxi new-yorkais.

– Moi, dit le premier, qui suis-je à côté de vous deux ? Un vermisseau.

– Pas du tout, dit le deuxième, c'est moi qui, à côté de vous deux, suis un vermisseau.

– Vous n'y êtes pas, dit le troisième, c'est moi qui suis le vermisseau !

C'est alors que le chauffeur de taxi se retourne et leur dit :

– Messieurs, si de grands sages comme vous êtes des vermisseaux, alors que devrais-je dire, moi qui ne suis rien à côté de vous ?

Les trois rabbins se regardent alors, outrés, et s'exclament :

– Mais pour qui il se prend celui-là ?

homme ivre s'est réveillé à la morgue (*j'espère que ni toi ni ta mère ne buvez*), qu'un athlète polonais champion olympique de marteau a, ivre lui aussi, payé son taxi avec sa médaille d'or (*j'espère que ni toi ni ta mère ne buvez*), que la police indonésienne a brûlé trois tonnes de cannabis et drogué toute une ville (*j'espère que ni toi ni ta mère ne vous droguez*). Quant à mes lettres, je ne tarde pas à découvrir que chacune fait l'objet d'un minutieux cérémonial qu'Elisabeth orchestre face à une demi-douzaine de vieilles Ashkénazes *Aussies* en jogging et cheveux roses, amies dociles et curieuses réunies pour l'occasion dans son petit appartement du quartier juif de Melbourne, venues religieusement l'écouter lire ma prose à voix haute autour d'un thé dont elle a certainement dérobé le sachet au café du coin. Et les unes et les autres d'exulter, sous la menace sans doute, ponctuant la lecture de ma grand-mère d'admiratives interjections et relayant ses commentaires extatiques. Mes courriers sont pourtant simples mais l'amour qu'Elisabeth me porte est indéfectible. Et cependant, malgré ces lettres, ou précisément de par leur nature même, j'incarne sa déception : écrit après écrit, Elisabeth renonce à l'idée d'une petite-fille aussi férocement futée qu'elle ; jamais je n'égalerai l'inlassable combattante au sens surdéveloppé du jeu et de la survie qu'elle est ; à ses yeux, et à regret, je demeurerai une artiste ou, pour le dire plus simplement, une indécrottable ratée.

Sa carrière professionnelle n'a pourtant pas été phénoménale : son diplôme d'économie marxiste en poche, qui, à Melbourne, lui fut aussi utile qu'une paire de moufles dans le bush brûlant, elle travailla comme ouvrière dans une usine textile puis comme serveuse dans une cafétéria d'hôpital ; pourtant elle ne cesse d'être à mes yeux une autrice de best-sellers, sillonnant les capitales et dédicaçant à tout-va, face à un public exalté, son chef-d'œuvre incontesté, un manuel de survie en milieu hostile.

Son dernier séjour à Paris remonte à plus de dix ans lorsqu'elle m'invite à lui rendre visite ; l'été prochain pour moi, l'hiver pour elle. J'accepte aussitôt, heureuse de la revoir et terrifiée de la décevoir.

Mon arrivée à Melbourne est entachée d'un accueil chaotique dont je crains qu'il ne donne le *la* à nos retrouvailles tardives. Le voyage est d'ailleurs, dans son ensemble, éprouvant : au départ de Paris, après une première escale à Londres, une seconde à Hong Kong, une demi-douzaine de plateaux-repas ingérés et autant de films non sous-titrés visionnés sur un minuscule écran, je débarque vingt-huit heures de vol plus tard de l'immense Boeing 737 à l'aéroport de Tullamarine, toute ratatinée.

Je songe à l'arrivée d'Elisabeth un demi-siècle plus tôt à bord du *Toscana*, paquebot offert à Hitler par Mussolini et qui accomplit cette année-là, 1957, son ultime périple depuis Danzig jusqu'en Australie. Seule avec sa deuxième fille âgée de deux ans à peine, Elisabeth fuyait, comme une poignée de Juifs polonais, Varsovie et ses purges staliniennes, pour rejoindre une terre lointaine et semblait-il accueillante ; un royaume de conte *far far away* dont elle ne savait rien. Le pays *down under*. Elle partait à l'aveugle, jeune veuve et mère, pour un nouvel exil, éprouva deux longues semaines de traversée sans sommeil, soigna l'épouvantable mal de mer de son enfant, enfin arriva à Melbourne, défaite, ses habits souillés des nausées répétées de sa fille, l'air tout droit sortie du ventre de l'enfer. Tandis que j'attends de passer la douane derrière la ligne rouge qui entaille le lino de l'aéroport, j'essaie de me figurer l'accueil que les douaniers lui avaient alors réservé, à elle qui débarquait de la vieille Europe essorée de guerres et de massacres sur ce territoire en comparaison moins repu de tragédies. Avait-elle compris les mots d'anglais qu'on lui avait dits ? Lui avait-on souri, souhaité la bienvenue, l'avait-on aidée à porter ses bagages alors que sa fille l'accaparait tout entière ? Quels papiers lui avait-on demandés ? Et quelles furent ses premières impressions ? Des gens l'attendaient-ils à sa descente du bateau ou avait-elle foulé le sol australien sans personne à qui confier son désarroi ? Était-elle heureuse malgré tout d'être enfin arrivée à destination ?

De l'autre côté de la ligne sont postées les gloriettes des douanes en enfilade, frontières froides et métalliques. Mon tour arrive, je franchis la ligne et m'avance jusqu'à la case vitrée derrière laquelle un immense fonctionnaire australien me fait signe d'approcher. Il paraît à l'étroit dans sa cage de verre, sur le point de la faire exploser d'un coup d'épaule involontaire. Il me scrute, observe mon passeport, note que ma photo d'identité se décolle facilement, saisit son combiné téléphonique, y marmonne quelques syllabes. En quelques secondes surgit un second type aussi immense que le premier, gigantesques épaules posées sur une tour de deux mètres qui m'entraîne à l'écart et me questionne : d'où viens-je ? Que suis-je venue faire à Melbourne ? Ai-je une adresse de séjour ? Je ne comprends pas tout de suite : y a-t-il un problème ? *Please answer, miss.* Puisant dans les faibles impulsions qui circulent encore dans mon corps épuisé, j'explique : je viens de Paris et rends visite à ma grand-mère pour les grandes vacances.

– *Your grandmother ?*

– *Yes.*

Le malabar affiche une moue sceptique, mais il n'est pas question d'entrer dans les détails de la genèse familiale ; pas question de lui expliquer les raisons de l'exil d'Elisabeth, ni de lui spécifier son divorce précoce d'avec mon grand-père qui, quant à lui, avait élu Paris pour domicile et emmené ma mère alors fillette dans ses bagages – détail qui, si le douanier avait formulé la plus infime curiosité, lui aurait révélé le pourquoi de la nationalité de mon passeport. Mais il se contrefout de mon histoire familiale, à ses yeux j'ai l'air suspect, voilà tout.

– *Your grandmother ?...*

Le regard bleu clair incrédule du douanier me renvoie en miroir inversé à mes traits de métèque. À cet instant précis, face à ce géant blond, je ressemble plus à Ben Laden et ses cousins qu'aux Occidentaux dont je partage les valeurs. Mon faciès arabe hérité d'un père juif marocain fait de moi la fille illégitime de Hassan II, la nièce de Saddam Hussein, la cousine éloignée du mollah Omar. J'ai d'ailleurs fricoté avec les Frères musulmans, je me suis sans doute entraînée chez mes sœurs palestiniennes… En tout cas, visiblement, et depuis plusieurs minutes déjà, je suis une terroriste en puissance. Moi, minuscule brunette toujours mal coiffée, venue rendre visite à sa grand-mère vieillissante, je représente pour ce colosse caucasien un enjeu de sécurité nationale. Il me lance un regard lourd de soupçons d'attentat-suicide au milieu du *mall* de la *City*. Des centaines de corps sanguinolents et déchiquetés par ma faute. *Seriously ?*… Devant ma perplexité, il finit par me désigner du menton le kiosque depuis lequel Monsieur Indestructible numéro un ne m'a pas quittée des yeux. À l'homme dans sa cage de verre je tends à nouveau mon passeport, dont il décolle une dernière fois le coin gauche de ma photo d'identité avant d'y apposer, déçu, un tampon-sésame.

Dans le taxi, je rumine. Je comprends les gens quotidiennement vexés par ce délit de faciès : je n'ai pas choisi d'avoir la gueule de l'ennemi de l'Occident du XXIe siècle, je ressemble juste à mon père, comme tant de femmes avant moi. Elisabeth, elle, ne ressemble pas à son père. Elle a hérité du physique d'un cosaque qui avait violé une des mères de ses mères lors d'un pogrom, autour de 1881. Cette blondeur, ces yeux bleus, ce nez court et fin furent les clés de sa survie pendant la Shoah. Sous ce masque de jolie petite Aryenne, son sang juif plurimillénaire fut indétectable à l'œil nu.

Arrivée chez elle, je lui fais le récit de mon voyage. Comme elle est avide du moindre détail, je raconte l'épisode douanier et ma déconfiture.

– *They thought you were an Arab terrorist ?*

Une lueur de fierté incrédule brille dans son iris bleu clair et je m'étonnerai les jours suivants de son excitation à raconter l'anecdote à chaque nouveau visiteur. Chaque fois elle rajoute un élément, modifie la narration, et toujours conclut avec la même jubilation : *They took my granddaughter for an Arab terrorist, isn't it unbelievable ?!* Et soudain sa joie me frappe dans toute sa lumière : son unique petite-fille, si peu aguerrie en matière de survie, n'est peut-être pas un cas si désespéré puisqu'elle possède, comme sa grand-mère en son temps, le visage de l'ennemi.

L'air de la montagne

Quelques semaines avant mon arrivée à Melbourne, je me suis engagée dans un projet de roman : j'ai dans l'idée de parler du corps des femmes et de filiation. Je m'intéresse à la psychogénéalogie et espère peindre quelques-unes de ces souffrances-chimères mystérieusement transmises de mère en fille dans les limbes obscurs de la gestation ; je rêve de tracer des lignes de corps entremêlés et ondulants, de plonger dans les viscères, silences et interstices et de raconter un peu de ces histoires jamais dites car impensées. Ma démarche est purement littéraire. Je me figure ces souffrances-chimères comme autant de formes opaques émanant de souvenirs, et dont l'énergie hautement résistante irrigue des générations après elles ; icebergs silencieux aux sommets desquels se mêlent enthousiasme et mélancolie, espoir et addictions, célébration de la vie et goût de l'ombre.

Après des années à me consacrer, en vain, à l'écriture de scénarios, je m'essaie donc pour la première fois au roman, invoquant dans le secret de l'écriture un miracle qui, à jamais, transformerait ma vie. Mais deux mois ont passé et je peine toujours à définir une trame claire à mon futur livre, détail que je préfère taire à Elisabeth – elle n'a déjà guère d'estime pour ma carrière chaotique. Et je peux difficilement lui donner tort : aucun des cinquante-trois scénarios que j'ai écrits ces quinze dernières années n'a abouti. Malgré tout je poursuis avec acharnement, habitée par ce fameux feu sacré. Il faut dire que le métier de scénariste est chez moi une vocation que je dois non pas à un talent hors norme qui désire à toute force s'exprimer pour bousculer le monde, mais à la nature même de mes dispositions psychiques, fruit d'une curieuse pathologie dont je souffre depuis toujours et dont les symptômes sont les suivants : à l'instant précis où se montre à moi une personne dont l'existence me paraît tout à fait prodigieuse – et à mes yeux la plupart des existences le sont –, je souhaite aussitôt, et sans la moindre hésitation, échanger ma vie contre celle de l'inconnue. Cependant l'échange est peu équitable, l'opération consistant surtout à m'installer au plus près de cette personne et de son corps, et à tranquillement m'oublier.

Ces premiers désirs de disparition remontent à ma vie intra-utérine ; avec ma mère Barbara d'abord : il n'était pas question de déranger ni d'angoisser mon hôte ; avec Elisabeth ensuite, l'hôte reine-roi de cœur d'autant plus redoutable. Au fil des ans, un nombre considérable de figures connues ou non leur ont succédé sans jamais les détrôner tout à fait : comédiennes, chanteuses, amies, femmes toujours, et toujours à mes yeux flamboyantes ; et chaque fois, il s'agit de me laisser absorber, manger, dévorer tout entière, de renoncer à la lumière et de jouir de ma disparition. Cet étrange renoncement m'a conduite en toute logique vers une profession de l'ombre nourrie d'effacement, au service de la fabrication d'un objet transitoire aussi fondateur que méprisé, et qui, éclipsée par les têtes d'affiche et autres bruyants personnages, ne recrute que parmi les êtres de mots et de papier, pas toujours grands, pas toujours beaux, cependant terriblement attachants et devenus peu à peu ma famille de cœur. L'activité de scénariste comme face émergée d'une souffrance-chimère ? Peut-être. Ignorant ces considérations, Elisabeth m'estime frappée d'une obstination aveugle, sinon kamikaze, mais comme elle ne souhaite pas ternir nos retrouvailles, elle renonce à m'ouvrir les yeux.

Arrivée depuis cinq jours, je passe le plus clair de mon temps dans son petit appartement coquet et désordonné dont je m'échappe en quelques rares occasions, le temps d'escapades dans le centre-ville. Melbourne est une ville-capitale au charme provincial : elle a beau être pourvue de maisons victoriennes, de lignes de tramway, de longues promenades en bordure de Pacifique, lui manquent les collines, la contre-culture et une certaine densité de population pour concurrencer San Francisco. Lors de mon premier séjour à la fin des années 1970, j'avais alors six ans, ses plages étaient pleines de mouches, ses restaurants gargantuesques, ses conversations pratico-pratiques. Depuis quelques années cependant, on pouvait se prendre à rêver de poésie en déambulant dans les jardins botaniques royaux, un *latte* au lait d'avoine à la main, après avoir fureté dans une galerie d'art aborigène.

Entre Elisabeth et moi, un rituel se profile : le matin nous faisons des tours dans le parc du quartier, à notre retour je prépare le déjeuner – Elisabeth s'extasie devant mes plats d'une simplicité à pleurer et se demande quand un homme pourra enfin jouir de mes talents de cuisinière –, enfin nous nous reposons. Chaque après-midi, elle me voit esquiver le moment d'ouvrir mon ordinateur et de me mettre à l'ouvrage, et je m'attends à de sérieuses remontrances. Mais à ma grande surprise, elle ne commente pas. Elle dont l'impitoyable franchise ne souffre habituellement aucun scrupule me fait à la place une proposition des plus inattendues :

– Tu as besoin de vacances, nous partons tout à l'heure. Prépare ta valise, je t'emmène à Mount Buffalo. Ta mère est prévenue.

Ma valise consiste en un gros sac ficelé en trois minutes, la sienne – je le découvre – est prête depuis la veille, ainsi qu'un petit carton très lourd dont elle refuse de me révéler le contenu. Nous jetons nos bagages dans le coffre d'une Subaru d'un modèle très en vogue dans les années 1990, et un taxi plus tard, nous voilà devant le guichet de la compagnie australienne assurant les vols entre Melbourne et

Albury. Tout en vidant la coupelle de bonbons à la menthe du comptoir d'embarquement dans sa large poche de doudoune vert pomme, Elisabeth sort nos passeports et complimente l'hôtesse sur son teint radieux – elle ne ment pas, l'hôtesse a bel et bien une peau de pêche. Celle-ci, flattée, nous souhaite un excellent voyage, et c'est avec l'haleine des plus mentholées que nous embarquons.

À peine installées dans la cabine, Elisabeth commande trois jus de tomate et deux limonades – gratuits à bord de ce vol intérieur – et me suggère d'en faire autant. Cette dizaine de boissons avalées, Elisabeth et moi nous levons six fois au cours des quatre heures suivantes pour nous rendre aux toilettes et, entre chacune de ces sessions, elle s'endort, sourire paisible aux lèvres, tandis que je demeure rivée à l'écran qui annonce une météo radieuse pour notre moyen-courrier : le 11 septembre 2001 n'est pas loin et m'a laissé, comme à tant d'autres, une peur panique du crash aérien.

Une fois à l'aéroport d'Albury, nous nous voyons remettre à l'occasion de l'opération promotionnelle d'une marque de vêtements locale une cagoule orange à mailles serrées et sautons dans un taxi direction Mount Buffalo. Elisabeth engage aussitôt la conversation avec notre chauffeur. En moins de trois minutes elle obtient son prénom – Alexis, son âge – quarante-trois ans, son origine – grecque, son état civil – marié à une Australienne d'origine chinoise de six ans sa cadette, le nombre de ses enfants – deux filles et un garçon, la névrose obsessionnelle de son épouse – une addiction au chocolat et aux régimes. Son interrogatoire est interrompu par un coup de fil de ladite épouse qui l'engueule copieusement. Elisabeth me lance alors d'un air comploteur :

– Dans six mois il la trompe, dans un an ils divorcent, dans deux ans il en épouse une autre.

À l'accueil de l'hôtel, une jeune femme blond vénitien, petit foulard rouge noué autour du cou et fard à paupières bleu métal, nous tend les clés de nos chambres. Attenantes, précise-t-elle en souriant, elles sont censées communiquer par une porte dérobée, *I let you investigate, ladies.* Nous traversons le lobby de cet ancien chalet confortablement rénové et absolument dépourvu du charme européen dont Elisabeth se languit secrètement depuis plus de cinquante ans. Seul endroit qui trouve grâce à ses yeux : un grand bar lambrissé en bois de palissandre, aux accents vieille Europe début XXe ; aux murs, des photos noir et blanc encadrées de sommets enneigés et de skieurs accomplis ; dans de hauts vases rose pâle, des lys blancs odorants et quelques orchidées. À cette période de l'année, l'été en Europe, l'hiver ici, le public est essentiellement composé d'aficionados du ski et autres sports de glisse ; l'Australie est un pays de sportifs et je n'y suis décidément pas chez moi. Nous nous installons chacune dans notre chambre. J'ai la 235, Elisabeth la 237, comme dans *Shining.*

À peine ai-je déballé mes affaires que je pars en quête de cette mystérieuse porte communicante et pousse l'unique placard de ma chambre. En vain : celui-ci est scellé à la cloison. Et rien d'apparent non plus sur les autres murs. Je m'allonge sur le lit, mains croisées derrière la nuque, et scrute le plafond avec application. Qu'une invisible porte dérobée existe entre Elisabeth et moi ne m'évoque étonnamment aucune terreur. J'ai régulièrement convoqué la vision de ma grand-mère surgissant à l'improviste en pleine nuit au pied de mon lit et me reprochant de ne rien faire de ma vie, mais c'est demeuré sans effet sur moi : j'ai conscience depuis bien longtemps d'être le maillon faible d'une lignée de femmes puissantes ; et avec la même nécessité que je me suis engagée à disparaître dans le giron d'inconnues, j'ai sagement endossé au sein de ma famille ce statut d'inutile excroissance dont l'unique talent consiste à suçoter trois bonbons à la fois lorsque ma grand-mère l'exige. Sur ces pensées, je m'endors et rêve d'Elisabeth traversant les murs ; son agilité légendaire n'a pas besoin d'une hypothétique porte cachée entre nous, sa seule détermination suffit à abattre des murailles. Mais voici qu'elle frappe à ma porte : il est l'heure de dîner et c'est une tâche, une autre, dont je m'acquitterai bien volontiers.

Installées sur la terrasse en béton de l'hôtel qui fait face aux sommets, nous contemplons les fameuses Alpes australiennes et leurs blocs de granite noir. J'ai toujours détesté la montagne : je ne goûte ni les précipices glacés ni les vins chauds à la lueur de chandelles au bord de précipices glacés ; tout dans ce décor me renvoie à une mort certaine et douloureuse. Sur cette terrasse fruste, au pied des pistes,

Elisabeth admire la lumière de fin du jour et je lui demande sottement si elle ne regrette pas les paysages de sa jeunesse, lorsqu'elle partait skier avant et après la guerre en Pologne, à Zakopane. Dans ma petite tête, rien ne vaut les souvenirs de jeunesse – exception faite des miens, bien sûr.

– C'est absurde. La nostalgie est absurde. Cette chaîne de montagnes à quelques encablures de l'océan Pacifique est prodigieuse, me lance-t-elle dans son anglais à l'accent polonais rocailleux.

Nous dînons de viande rouge grillée et de purée de pommes de terre, et je renonce à commander un verre de vin, préférant éviter le moment mortifiant où Elisabeth pourrait prendre à partie l'ensemble des personnes présentes – serveuses, serveurs, voisins de table, barman, musiciens – en me posant haut et fort la fatale question : *are you an alcoholic ?*, convaincue que son unique petite-fille, non contente d'être professionnellement nulle, n'excelle qu'à des addictions coûteuses et mortifères. La demi-mesure n'est pas dans mes gènes et, à la voir, je comprends aisément pourquoi. Tandis qu'une petite formation de jazz joue sans grâce une musique d'ascenseur, le visage d'Elisabeth s'éclaire soudain, puis elle se lève et fait un signe de la main à une table voisine. Un grand homme élégant qui s'y installait s'interrompt et s'avance vers nous.

– Ma chérie, je te présente Carl.

Depuis plusieurs années qu'elle passe ses vacances d'hiver à Mount Buffalo, Elisabeth y croise Carl Schubert, monsieur lettré qui apprécie sa compagnie et sa conversation. Carl a quatre-vingt-quatre ans (« il en paraît à peine soixante-dix-sept, tu ne trouves pas, *sweetheart* ? »), porte un pantalon en lin gris et un pull torsadé bleu marine, a longtemps travaillé pour l'industrie pharmaceutique, voyage avec son infirmier particulier en raison de problèmes cardiaques, aime la grande musique et se réjouit d'avoir trouvé en la personne de ma grand-mère, sur ce continent bien trop neuf et rustre pour le vieil Européen nostalgique qu'il est, une interlocutrice en présence de laquelle il peut citer Wagner dans le texte. Car, c'est un fait, la chatoyante langue allemande d'Elisabeth rappelle au vieil homme les charmes perdus de sa jeunesse munichoise.

Face à elle, Carl s'incline et fait le baisemain, puis me lance un regard poli. Puisant dans mes lointains souvenirs de cours d'allemand, je ne tarde pas à comprendre que ma grand-mère m'a présentée non comme sa petite-fille mais comme sa dame de compagnie espagnole.

– Je ne parle pas un mot d'espagnol, lui soufflé-je.

– Pas d'inquiétude, lui non plus.

Serais-je décidément trop métèque pour ce pays d'anciens bagnards celtes ? Elisabeth ignore mes états d'âme, elle n'a d'yeux que pour Carl et bientôt rejoint sa table.

La soirée s'écoule lentement, et tandis que j'écoute avec une certaine anxiété la petite formation de jazz assassiner un de mes standards préférés (*Lucky in Love*), je peux voir, assis l'un près de l'autre à quelques tables de moi, Carl et Elisabeth rire ensemble à la lueur d'un candélabre. L'éclat des flammes fait briller l'œil qu'on dirait amoureux de ma grand-mère et, à la voir aussi joyeuse, je comprends qu'elle espérait retrouver cet homme. Et que je dois envisager toutes affaires cessantes de passer mes vacances à tenir la chandelle.

*

Je sors de ma valise une paire de runners jaune et bleu à coussin d'air, les dépose sur le lit dans leur pochette protectrice qui ressemble à un cocon, et les contemple avec dévotion. Parallèlement à mon projet de roman, je m'en suis assigné un autre, très concret celui-ci, et suffisamment étranger à l'écriture pour ne pas craindre d'échouer (pensé-je) : j'envisage avec un sérieux de cathédrale de commencer à courir. Ces chaussures-là, je les ai choisies comme un écrivain élit le stylo-plume de ses séances de dédicace, je les ai rêvées tels deux oiseaux de paradis, légères et colorées, prodigieuse invitation à l'envol, promesse muette d'un changement qui se ferait attendre. Car malgré ma docilité, j'invoque régulièrement ma mue, je la prie en secret, je l'espère, mais, telle une petite tête de taupe de fête foraine assommée à coups de marteau, une force sourde l'empêche de poindre depuis des années ; la peur de la lumière sans doute. Je repense à ce matin de ciel gris où, sur un morceau de boulevard embouteillé, elle me rendit visite pour la première fois. Ce jour-là j'enfilai de banales baskets et amorçai sans entrain une tentative de course ; je partais sans conscience, singeant d'asymptotiques silhouettes, et actionnai la lecture aléatoire de mes morceaux de musique ; ils faciliteraient mes pas, les fluidifieraient, sans toutefois faire cesser ce questionnement lancinant qu'éprouve toute apprentie joggeuse : pourquoi m'infliger un tel effort ? Pourquoi courir ? Et surtout, *après quoi* ? Prise dans la toile d'une inédite combinaison de douleur et d'ennui, j'attaquai sans grâce mon chemin de croix ; mes molles semelles marquaient lourdement le rythme au gré de chansons amicales mais lointaines quand tout à coup une porte, un tempo, une rupture : une chanson que j'avais si souvent fredonnée et que je n'avais plus entendue depuis des années ; je pénétrai une dimension nouvelle aux parois douces contre lesquelles résonnait, enchanteresse réminiscence, le titre oublié. Alors, littéralement infusée d'amour depuis la visière de ma casquette jusqu'à la pointe de mes baskets, je commençai à chanter, montai dans les aigus, amplifiai les lignes, modulai la mélodie, interprète virtuose dont le talent ne méritait pas d'être plus longtemps ignoré ; ma course s'allégeait, ma grâce incantatoire inondait la ville, et bientôt des piétons subjugués s'arrêteraient par dizaines, happés par mon chant de sirène, pris dans le flot de la grand-messe improvisée dont j'étais l'incroyable gourou, et moi, magnanime, je les inviterais à accompagner ce chant-prière en tapant dans leurs mains afin d'éprouver ensemble, en chœur et face au ciel, la transe invoquée par la si belle chanson. Mon hallucination m'enchantait, je courais, je suais, je jubilais ; j'oubliais l'ennui, la douleur, les klaxons, le ciel gris ; c'était irrépressible, une joie véritable, un élan impérieux ; une définition du bonheur. Et soudain, toute à cette chanson qui pétillait à l'intérieur de moi, je pensai que ça devait ressembler à ça, raconter une histoire, que c'était comme chanter faux en étant momentanément atteinte de surdité et sujette à des hallucinations, persuadée de faire sortir de soi un mélodieux récit, et s'attendre à ce que le monde, extatique, en redemande. Voilà le transport inattendu après lequel j'envisageais de courir. Mais ce soir il est trop tard et je reste allongée près de mes prodigieuses chaussures, nez collé au plafond.

Je repense à Elisabeth, à son flirt. Son pauvre troisième mari serait-il à ses yeux quantité négligeable depuis qu'il végète en maison de retraite ? Je pourrais comprendre qu'Elisabeth veuille s'amuser un peu : Morton Halpern n'a pas été le plus tendre des compagnons. Mais la vie ne lui a pas été tendre non plus.

Juif hongrois rescapé de Birkenau, né d'un père violent et d'une mère austère et travailleuse, Morton vit le jour à Târgu Mureş, petite ville de Transylvanie à moins de trois heures de route du château du comte Dracula – et Elisabeth, grinçante, lui rappelait régulièrement cette proximité avec le vampire. En 1947, Morton décida de quitter l'Autriche où il vivotait de contrebande depuis la fin de la guerre, et s'inscrivit à un programme d'immigration pour l'Australie, censé lui assurer dès son arrivée un contrat de travail. Débarquant à Melbourne trois mois plus tard, il devint aussitôt ouvrier d'une usine textile qui fabriquait toutes sortes de pulls en laine rêche aux couleurs vives et aux coupes rudimentaires.

Dix ans avaient passé lorsqu'il rencontra Elisabeth, fraîchement débarquée de Varsovie ; il en tomba aussitôt amoureux et, alors qu'il s'était jusqu'ici enorgueilli de ne jamais se marier, lui proposa de l'épouser. Que Morton soit tombé sous le charme d'Elisabeth va de soi, la réciproque en revanche interroge : pourquoi, après deux premiers flamboyants maris, accepta-t-elle de s'unir à ce petit homme terne ? Sans doute parce que Morton, travailleur comme l'avait été sa mère, offrait un toit providentiel et un foyer à Elisabeth et sa fille Anne, séparées depuis leur entrée sur le territoire australien. Un toit, rien de plus : ni tendresse, ni affection, ni conversation. Morton n'avait pas connu la douceur de l'enfance et ses années de camp avaient achevé de l'enfermer dans la plus complète raideur : comme s'il n'en avait jamais été libéré par l'armée alliée, il reproduisait au quotidien et en toute inconscience l'atmosphère concentrationnaire ; il communiquait avec Elisabeth en allemand ; économe, il administrait le foyer avec une sobriété obsessionnelle, cadenassait le frigo, n'achetait que des produits avariés à prix cassés (quand il ne se les faisait pas offrir), récupérait le journal de la veille au fond d'une poubelle, réparait chaussures, vêtements, électroménager, se dispensait de toute distraction ; parfois cependant, au milieu de l'épaisse grisaille de ses journées de labeur, il éprouvait une joie indicible face à un bouton de veston ou un lacet de chaussure trouvés sur un bout de trottoir ; alors, victorieux, il déposait son butin devant sa femme à qui il rappelait doctement que ce bouton ou ce lacet étaient un véritable trésor – Elisabeth, dont la perplexité ne s'émoussait pas malgré les années, se souvenait que c'était bel et bien le cas à Birkenau. Au fil des jours, victime consentante, elle se pliait à sa pathologie et, afin de préserver sa santé mentale, transformait les mille et une contraintes qu'il lui imposait en règles d'un nouveau jeu où il s'agissait de marchander, troquer, négocier, mais surtout : ne jamais payer. Usant de son humour et enjôlant ses interlocuteurs, Elisabeth y excellait.

Un soir qu'elle rentra, une paire de lunettes de soleil flambant neuves sur le nez, elle raconta à Morton qu'elle les avait trouvées sur le bord d'un évier de toilettes publiques. Et elle fanfaronna : elle avait eu de la chance, avait fait preuve de rapidité, alors elle attendait un sourire, une marque d'admiration. Mais rien, Morton se ferma et retourna sans un mot à la réparation du plus vieux lave-linge du continent. Le sachant étranger à toute légèreté, elle ne se formalisa pas. Ce n'est que quelques mois plus tard, lorsqu'elle surprit une conversation téléphonique entre lui et son jeune frère Oskar, qu'elle comprit : Morton et Oskar y évoquaient leur ami d'enfance, un certain Jans Yunger rencontré dans l'atelier de couture de leur mère Gisela, à Târgu Mures. La mère de Jans, Marta Yunger, grosse dame énergique et aisée, appréciait le travail soigné de Gisela. Dans la ville natale des frères Halpern, rattachée au royaume hongrois jusqu'en 1920, puis tour à tour roumaine et hongroise entre 1940 et 1944 avant qu'elle ne passât aux mains de la Roumanie soviétique après la guerre, les trois garçonnets jouaient ensemble ; aux dés, aux osselets, à la bagarre. Devenus jeunes hommes, ils s'étaient retrouvés une dizaine d'années plus tard prisonniers à Birkenau. Par Dieu sait quel prodige, Jans avait réussi à cacher et conserver ses lunettes de soleil dans le camp. Un matin il se rend à l'appel, sa luxueuse paire sur le nez, compagne festive qui lui rappelle sa vie passée de garçon choyé, d'étudiant insouciant, de camarade potache. Derrière ses beaux verres fumés, Jans croise le regard du kapo et prend un air bravache. Voyant là une ignoble provocation, le kapo interrompt aussitôt l'appel et roue Jans Yunger de coups sous les yeux de ses camarades. Et finit par le tuer au milieu de la cour.

Quantité de mère

Le lendemain, nous petit-déjeunons dans la salle à manger aux allures de réfectoire. Ma grand-mère affectionne particulièrement le repas du matin qui consiste, comme dans de nombreux hôtels, en un abondant buffet. Elle se gave, fait ses réserves pour la journée et m'invite à en faire autant. Pour celle qui partage ses jours avec Morton Halpern, un buffet est le terrain de jeu rêvé, où l'excitation le dispute à l'inquiétude de ne pas assez en profiter. Loin de ces femmes qui investissent leur carcasse avec tempérance, Elisabeth mange avec joie et démesure, comme on gagne au loto, comme on fait échec et mat à la fatalité. Je mords avec obéissance dans mon cinquième mini-croissant lorsque j'ose enfin cette question :

– Pourquoi m'as-tu invitée si c'est pour que je te regarde roucouler ?

Elle me sourit.

– Tu n'as pas une petite idée ?

Pas même le début.

– Tu as pourtant des velléités de scénariste, alors fais marcher ta cervelle.

Elisabeth attaque son troisième œuf bacon.

– Tu travailles sur quoi en ce moment ?

Je ne lui confierai pas mon projet de roman ayant pour sujet ces femmes exilées à l'intérieur d'elles-mêmes, mais lui raconte un synopsis un peu baroque sur lequel je planche depuis peu.

– C'est l'histoire d'une jeune femme amoureuse de son chat persan, persuadée que l'animal de compagnie est un homme merveilleux enfermé dans un corps de félin à la suite d'un sortilège inexpliqué, et qui se révélera dans toute sa splendeur virile le jour où elle gagnera à un jeu à gratter. L'héroïne, malheureusement interdite de jeux à gratter pour les vingt prochaines années après un concours de circonstances trop long à développer en quelques minutes, sauve son amant d'un impitoyable rapace qui menaçait de le dépecer et finit par l'épouser.

Elisabeth est déconcertée. J'entends son silence affligé.

– Pourquoi n'écris-tu pas des thrillers ? Tout le monde aime ça les thrillers, *sweetheart*, les gens adorent avoir peur, le glauque, la noirceur, les frissons.

Je connais ce refrain-là. Face à mon goût embarrassant pour les films pour enfants, slapsticks des années 1940 et comédies musicales chantées à tue-tête, de nombreuses amies bien intentionnées me conseillent depuis des lustres d'écrire des films noirs. Je pourrais argumenter, expliquer à Elisabeth comment les comédies de Billy Wilder m'ont rendu le monde plus habitable, lui dire qu'il est plus compliqué d'écrire une bonne comédie qu'un bon film noir, lui parler du dédain largement partagé en France par les gens du cinéma pour ce genre, seulement voilà, je n'en ai pas le temps car le regard d'Elisabeth se perd du côté de la farandole de fromages en tranches, et bientôt fond sur nous la silhouette sèche de Carl, accompagné de son infirmier particulier Andrea, tout aussi grand, pâle et sinueux que son maître. Carl s'adresse à ma grand-mère : elle est radieuse ce matin, a-t-elle passé une bonne nuit ? Est-elle d'accord pour qu'ils fassent ensemble une promenade en raquettes cet après-midi ? Elle acquiesce à tout. Une serveuse les interrompt et dépose devant nous un pot de crème mousseline à la vanille.

– *Enjoy.*

L'employée s'éclipse. Carl l'a toisée, son visage ridé s'est figé en une expression de mépris : la femme est aborigène. Il ne prend pas même la peine de s'en cacher, toute son expression dit son dégoût d'un peuple qu'il considère comme imbécile et sous-développé. Quel sale type. Mais Elisabeth lui décoche son plus beau sourire : comment va son cœur ce matin ? Bien, très bien même, l'arrêt cardiaque n'est pas pour aujourd'hui, le grand Andrea veille à sa posologie et Carl espère avoir la joie de revoir Elisabeth ici même, à Mount Buffalo, pendant encore de nombreux hivers. Ma grand-mère rosit, elle ne lui proposera donc pas de goûter à cette délicieuse crème trop riche pour son cœur fragile. Carl confirme, reconnaissant, et précise qu'il l'attendra dans le lobby vers quinze heures, après sa sieste. Elisabeth promet. Il la salue à nouveau d'un baisemain, *see you later, Mrs Raczyńska*, et lui et Andrea s'éloignent. Je m'étonne que le vieil homme ait appelé ma grand-mère du nom de sa fausse identité de Polonaise catholique aristocrate, telle qu'elle lui fut délivrée en mars 1942 par l'évêque de la cathédrale de Lvov et ami de son père, et alors même qu'elle a, depuis, changé trois fois de nom de famille. Elle me regarde en souriant.

– *I let you investigate, young lady.*

À défaut d'investiguer, je m'en vais traîner sur la terrasse face aux pistes et termine un chocolat chaud, seul plaisir véritable des sports d'hiver à mes yeux, lorsqu'un type en combinaison de ski aux couleurs pastel, lunettes remontées sur front bronzé, démarche alourdie par ses chaussures, le regard rieur, s'immobilise entre moi et le paysage, et s'absorbe dans la contemplation des pistes. Je l'apostrophe :

– *Hey.*

Aucune réaction. J'insiste :

– *Excuse me.*

Le skieur se retourne.

– *Yes ?*

Il ne tarde pas à comprendre qu'il me bloque la vue, fait aussitôt un pas de côté, puis, devinant sans mal que je viens de France, me demande si j'apprécie mon séjour ici. Je comprends qu'il travaille sur le domaine skiable de Mount Buffalo en tant que pisteur artificier : la mission de Thomas consiste à provoquer au moyen d'explosifs de petites avalanches pour en éviter de plus massives. Or, comme il a neigé la veille, une fine couche de neige fraîche s'est déposée sur une couche plus ancienne et plus dure, créant les conditions idéales d'une avalanche de poudreuse, raison pour laquelle, précise-t-il dans un sourire, il ne peut s'attarder plus longtemps.

Après qu'il s'est éclipsé, je remonte dans ma chambre pour y travailler, au lieu de quoi je regarde chalouper sur le rebord de ma fenêtre deux énormes chats roux. Je m'en approche. Ils marchent côte à côte, tel un vieux couple papotant, sautent sur le rebord de la chambre voisine, et je repense à Elisabeth et Carl qui se promènent eux aussi : qu'ont-ils donc à se raconter tout un après-midi ? Et comment Elisabeth peut-elle apprécier sa compagnie et ignorer ses odieux sous-entendus ? Sans doute prend-elle cette rencontre comme un nouveau jeu, un de plus.

*

Elisabeth développa cet esprit ludique à un âge précoce, lorsque sa mère, Bronisława, désespérée par sa sixième grossesse, décida de l'interrompre et mourut des suites d'une infection. Dès lors, benjamine d'une fratrie de cinq enfants, celle qui se prénommait encore Lea poussa telle une plante libre et curieuse, la tête pleine de questions dont une qui revenait, lancinante : pourquoi n'avait-elle pas de mère ? Apaisée par l'amour débordant de son père et la chaleur de sa fratrie, sa souffrance d'orpheline se mua en un jeu curieux qu'elle amorçait dès qu'elle faisait face à un autre enfant. Les critères étaient les suivants : l'enfant possédait-il ses deux parents ? Recevait-il suffisamment d'amour ? Jouissait-il d'une santé robuste ? Avait-il de la *hokhme*, ce mélange d'intelligence, de vivacité et de débrouillardise ? De ces calculs compliqués découlait la *quantité de mère* dont disposait l'enfant, c'est-à-dire son aptitude à survivre. La phase préliminaire terminée, le jeu pouvait commencer : forte de son diagnostic et partant avec un net handicap, Lea se donnait pour mission de rétablir à son avantage sa quantité de mère sur celle de son camarade, en restituant à ses côtés par tous les moyens possibles la présence maternelle.

Sa première victoire fut précoce. Lea avait tout juste huit ans et venait de découvrir, lors du dernier soir de Hanoukka, le goût de l'orange et de la banane, fruits exotiques de luxe dans la Pologne d'avant-guerre. Voyant se profiler à regret la fin des vacances et des festivités, la petite fille se résolut à attendre l'hiver suivant pour y goûter à nouveau. Le jour de la rentrée, alors qu'elle se rendait à pied à l'école, elle vit s'arrêter devant les grilles une longue voiture aux lignes claires qui semblait avoir figé autour d'elle regards, haleines et flocons de neige ; de la splendide automobile descendit une silhouette élancée au parfum enivrant et, dans son sillage, une fillette que Lea reconnut comme une camarade de classe. Ainsi, l'ébouriffante créature était une mère, la mère d'Irina, sa voisine de pupitre qui copiait sur elle à chaque interrogation. Envoûtée par la vision qui évoluait au ralenti dans une brume musquée, l'orpheline tomba en extase. À la récréation suivante, elle vit Irina sortir de son sac une banane qu'elle mangea avec appétit sous les regards envieux du reste des écoliers. L'après-midi, quand vint l'heure de l'interrogation, Lea s'apprêtait selon son habitude à dévoiler sa copie à Irina, mais cette fois se ravisa et la cacha de son bras replié. Sa voisine exigea des explications, aussi Lea posa-t-elle ses conditions : si Irina voulait copier sur elle, il fallait dorénavant qu'elle lui apportât chaque jour une banane. Certes, dans un monde idéal, Lea aurait exigé de la fillette qu'elle lui cédât sa mère mais, parce qu'elle savait s'adapter à la réalité, elle se rabattit sur le fruit exotique à pulpe farineuse. Une banane tous les jours. Une banane contre une mère. Irina accepta sans négocier. Cette première victoire fut le secret de Lea, qu'elle ne confia pas même à son père ; le premier signe qu'elle lança à sa mère par-delà la mort, pour lui signifier qu'elle savait qu'elle veillait sur elle.

Sa deuxième victoire fut plus inattendue mais Lea la porta tout de même, et à raison, au crédit de ses talents. Leon Lieberman et ses cinq enfants habitaient un appartement confortable et correctement chauffé au troisième étage d'un immeuble près de la cathédrale. Sur leur palier vivait la famille Weiss : le père, commerçant, la mère et leurs cinq enfants. Le petit dernier, Imek, était dans la même classe que Lea. Parce que le garçonnet était de constitution fragile, sa mère refusait de le laisser sortir lorsque les températures chutaient en dessous de moins dix. Elle craignait qu'il prenne froid, contracte la tuberculose et meure précocement. L'hiver ayant été particulièrement rude cette année-là, Imek avait manqué de nombreuses heures de cours et, à l'approche du printemps, Lea lui rendit visite afin qu'il rattrapât son retard. Elle y passa l'après-midi. Imek était un garçon studieux et agréable bien que peu curieux. Le soir venu, Mme Weiss invita la brave écolière à rester dîner. Habituée à la cuisine rudimentaire de la gouvernante de son père, Lea n'avait que très rarement l'occasion de manger un repas préparé par une maman : sans doute avait-il un goût différent, forcément délicieux, plein d'amour et de consolation. Mme Weiss avait cuisiné ce soir-là un bouillon de poule dont elle servit à sa jeune invitée, dans une assiette de porcelaine aux motifs d'animaux de la forêt – lapin, faisan, cerf aux bois majestueux –, deux généreuses louches ; près de l'assiette, la maîtresse de maison avait posé des couverts en argent qu'elle avait certainement astiqués quelques heures auparavant en chantonnant, tant ils étincelaient de mille feux entre les mains de l'enfant ; de sa royale cuillère, Lea avala une gorgée de bouillon : c'était un nectar, un sirop, gras, doux, légèrement poivré, au goût réconfortant d'une famille dont il ne manque aucun membre, d'une famille au complet ; sous le regard attendri de Mme Weiss, la fillette engloutit son plat, ponctuant chacune de ses gorgées de petits soupirs de satisfaction. Imek, à la stupéfaction de sa voisine, repoussa son assiette ; le garçonnet ignorait sa chance et c'était là, plus encore que sa santé fragile et sa modeste curiosité, sa plus grande infirmité. Alors, par quelque prodige soufflé d'une mère à une autre, Mme Weiss proposa à Lea la portion intacte de son fils. Joie, danses et trompettes, tout auréolée de félicité, l'orpheline avala l'assiette de son camarade et savoura cette double ration inespérée ; double ration de bouillon, double ration d'une famille qui n'avait connu ni chagrin ni deuil, double ration d'une tablée autour de laquelle trônaient, joyeux et paisibles, le papa, la maman, les enfants. De retour chez elle, Lea remercia secrètement sa mère de lui avoir donné une santé et un appétit solides – une santé, un appétit, une curiosité contre une mère.

Sa troisième victoire fut d'une nature tout à fait différente : ici, point de comparaison avec un autre enfant, mais une invocation qui bouscule un système et en modifie les règles. Lectrice précoce et goulue, Lea se rendait quotidiennement à la bibliothèque près de son école pour y emprunter des romans d'aventures. Par une matinée glaciale où elle n'avait pas classe, elle finit avant le déjeuner le livre emprunté le matin même. Lorsqu'elle reparut au comptoir afin de rendre l'ouvrage et d'en choisir un autre, elle fit face à l'employé scandalisé : il ne prêtait pas plus d'un livre par jour. Lea insista : la journée était encore longue.

– Comment ? Tu veux lire deux livres dans la même journée ?

– Oui, soutint la fillette, pas le moins du monde impressionnée par le petit homme à lunettes, et habituée qu'elle était à tenir tête à ses frères et sœurs aînés.

– Mais va donc aider ta mère au lieu de lire !

Déconcertée par l'injonction cruelle et aussi démunie qu'en colère, Lea lui lança, plus de vingt-cinq ans avant le jeune Antoine Doinel des *Quatre Cents Coups* :

– Ma mère est morte !

Mais contrairement à l'espiègle Doinel, elle ne mentait pas. Le bibliothécaire ne répondit rien. Le regard fuyant il maugréa, saisit le livre du matin, tamponna en fin de recueil la date du jour dans la colonne des rendus, tendit à Lea sa carte de prêt. À titre tout à fait exceptionnel, lui dit-il à regret, elle était autorisée à emprunter un second ouvrage. Ce jour-là, tandis qu'elle sortait de la bibliothèque en serrant contre elle *Les Quatre Filles du docteur March*, Lea remercia secrètement sa mère de l'avoir soutenue dans sa furie de lecture.

Chaque triomphe sur la fortune plongeait Lea dans un bain chaud d'amour maternel, l'enveloppait d'une douce brume, l'inondait d'une lumière de bon augure. Au fil des ans, elle se fabriqua un patchwork intérieur, collage de figures féminines qui recomposaient en creux le visage absent. Aux côtés de ces mères aimées au premier regard – mère élégante et parfumée, mère protectrice et cuisinière – apparut une femme libre, ni épouse ni mère, fleur délicate et sensible, sa professeure d'allemand, Mlle Finkiel, qui lui transmit son amour pour Schiller ; grâce à elle, Lea devenue Elisabeth gagnerait des vies, sa maîtrise de l'allemand la sauverait et, une fois encore, elle remercierait secrètement sa mère de lui avoir insufflé le goût des études et des langues. Ainsi, parce qu'il était apaisant de trouver des réponses à d'insondables questions, Elisabeth conclut que si elle avait été une fillette choyée par sa mère, elle n'aurait pas su se débrouiller seule et survivre : en la laissant grandir sans elle, Bronisława ne lui avait-elle pas fait le plus beau des cadeaux ?

Première (chi)mère ? Tour à tour banane, bouillon de poule ou Louisa May Alcott, les fantômes protéiformes de la mère d'Elisabeth ont dansé à son bras dans une ronde où manque, défi et ravissement se mêlaient avec panache. D'un deuil inconsolable, Elisabeth fit surgir une singulière capacité d'enthousiasme et d'admiration, et son abandon devint cadeau. À la fois source et pardon, souffrance et survie, Elisabeth transmit à ses deux filles, dans un élan de loyauté sincère, ce présent inestimable : elle les abandonna.

Les fiancés

Rentrée de sa promenade en raquettes, douchée et habillée de frais, pantalon à pinces rose et chemise blanche d'homme, Elisabeth me rejoint dans ma chambre et me surprend en train de déposer trois bols de lait sur le rebord de ma fenêtre.

– Tu prépares le casting de ton héros ? me lance-t-elle tout sourire. Sais-tu qu'ici les gens détestent les chats ? Ils sont énormes, sauvages, et dévorent les pétrogales, ces inoffensifs cousins du kangourou.

Tant pis, je prends le risque. À part ça, comment s'est passée sa balade ?

– Fabuleuse. Figure-toi que Carl a demandé ma main.

Et elle sort de sa poche un mini-pot de miel fauché le matin même au petit déjeuner, qu'elle commence à lécher par petites lampées.

– Je suppose que tu lui as dit que tu étais mariée et que ton troisième mari était jaloux.

– *Sweetheart*, techniquement je suis quasi veuve. Et le pauvre Carl est cardiaque et très amoureux. Je lui rappelle sa première femme, Helsa, une Autrichienne qui lui a fait un fils à qui il ne parle plus depuis cinquante ans. Quelle vie misérable. J'ai accepté bien sûr.

Elle ne me laisse pas le temps de réagir et, sur le point de sortir, précise encore :

– Carl dîne avec nous ce soir, accompagné de son infirmier. Fais-toi élégante et coiffe-toi. Et travaille ton accent espagnol, s'il te plaît.

Je reste coite. De quoi s'agit-il au juste ? D'un test grandeur nature ? Ma grand-mère a-t-elle dans l'idée d'éprouver ma loyauté envers ce pauvre Morton, tandis qu'elle batifole au bras de son futur amant en citant Goethe ? À moins qu'elle n'ait embauché ces types pour mesurer mes capacités de survie ou, mieux, stimuler mon imagination en matière de thriller ? Les deux escogriffes auraient pour couverture celles d'amant potentiel de ma grand-mère et d'infirmier d'amant potentiel de ma grand-mère, mais s'apprêtent en fait à me kidnapper pour me lâcher en pleine nuit dans la montagne noire et observer combien de temps je tiens sans chaussettes ni thermos ? Sinon, pourquoi cette mise en scène, cet accent espagnol, cette identité qui n'est plus la sienne, cette demande en mariage ? Je reste bloquée devant ma fenêtre. Un gros chat auburn lape le lait d'un des bols que je viens de déposer et une question tourne en boucle dans ma tête : Elisabeth envisage-t-elle sérieusement d'épouser ce vieil Allemand antipathique ? Je repense à ses trois maris.

Le premier, Marek Rubinstein, l'homme de la *punchline* préférée d'Elisabeth, dandy adoré par sa mère, choyé par ses deux sœurs, aimait les femmes et elles le lui rendaient bien. Dans le Varsovie d'après-guerre, les hommes se faisaient rares, les mœurs étaient légères et cathartiques, l'idée bourgeoise de fidélité apparaissait infiniment dérisoire au regard de ce que les survivants avaient enduré. Marek, convoité, s'avérait incapable de dire non ; après plusieurs années d'horreur, il se noyait dans la luxure, les cigarettes et la vodka, et ne cessait de tromper la jeune Elisabeth. Naïve et surtout amoureuse, elle lui pardonnait chaque fois, l'attendait des nuits entières et lui trouvait mille et une excuses en se remémorant ce qu'il lui avait raconté lors de leur première rencontre au bureau du Comité central des Juifs de Pologne, ses souvenirs douloureux, humiliants, impensables ; son évasion du camp pieds nus dans la neige, lorsqu'il échappa de justesse aux balles du mirador cependant que son camarade de fuite succombait derrière lui ; sa traque plusieurs jours dans la forêt, lui se nourrissant de racines ; son sauvetage lorsqu'un paysan le trouva en état d'hypothermie avancée et le ranima en l'enveloppant d'un cataplasme de bouse de vache ; sa cache enfin, tout le reste de la guerre, dans un petit village polonais où il se fit passer pour un professeur de français (et Elisabeth se plaît à raconter qu'il a en partie repeuplé le village). Un soir de la Saint-Sylvestre, apprêtée dans sa jolie robe, elle l'attendit jusqu'aux douze coups de minuit, pour finalement s'endormir seule dans leur salon. Au petit matin, il revint, sincère et désolé, s'assit à ses pieds et la supplia de lui pardonner. Trois semaines plus tard, après avoir disparu deux jours, il rentra, la mine grave, et expliqua : surpris dans les bras d'une de ses maîtresses par le mari de celle-ci, un comte polonais qui ne badinait pas avec l'honneur, Marek était sommé d'épouser la comtesse afin de laver sa réputation et celle du comte. Sans quoi l'aristocrate excédé le provoquerait en duel et le tuerait. Face à Marek, effondré, Elisabeth prit les choses en main ; il n'était pas question que son homme qui avait survécu aux camps succombât des suites d'un duel occasionné par une inepte histoire de fesses. Par conséquent, afin qu'il puisse épouser cette femme, ils allaient divorcer au plus vite. Et c'est ainsi que le premier mariage d'Elisabeth prit fin. De leur union, une petite fille avait vu le jour, Barbara, née neuf mois tout rond après leur nuit de noces.

Cette première passion de jeunesse passée, Elisabeth découvrit en la personne de Wladislaw Szedrowicz un amour rassurant. Héros de guerre, brillant ingénieur et vice-ministre de la Marine après la guerre, Wlodek pour les intimes, grand ami du premier mari, rencontra Elisabeth dans un dancing varsovien alors qu'elle était de sortie au bras de ce dernier. Wlodek avait beau sincèrement apprécier Marek, il s'étonna et plaisanta : Marek était certes un ami formidable mais était-il un mari formidable ? À le voir courtiser toutes les femmes ce soir-là et délaisser la sienne, pourtant la plus ravissante de toutes aux yeux du fonctionnaire de l'État, c'était à se demander si elle avait fait le bon choix en l'épousant. Elisabeth tomba sous le charme. Quelques mois plus tard, Wlodek eut vent de leur divorce et lui demanda aussitôt sa main. Ce fut un mariage d'amour et de raison, ces deux-là s'aimèrent autant qu'ils se respectèrent, Elisabeth soutenant son époux dans sa carrière, Wlodek invitant sa femme à reprendre ses études et à travailler à son épanouissement personnel. Au comble du bonheur conjugal et familial - Wlodek s'avérait être un formidable beau-père pour Barbara –, Elisabeth donna naissance à une deuxième petite fille, Anne. Toutefois les beaux jours ne durèrent pas et le flamboyant vice-ministre devint une cible de choix des purges staliniennes. Peu importait son éthique sans faille et ses compétences remarquables, ce fils de riche industriel juif, qui se rendait avant la guerre à l'école Polytechnique en Chevrolet, ne pouvait être un digne camarade communiste. Moqué et critiqué, Wlodek fut destitué de son poste au ministère de la Marine. Cette blessure en réactiva une plus ancienne, du jour où il avait reçu, alors soldat dans l'Armée rouge, un tronc d'arbre en pleine poitrine, et son cœur de jeune homme avait vieilli d'un coup. Moins de vingt ans plus tard, combiné au choc de sa disgrâce, le coup au cœur resurgit : Wlodek mourut à tout juste quarante ans d'un arrêt cardiaque. En quelques heures, Elisabeth perdit son grand amour, le père de son enfant, et tout ce qui faisait son quotidien. La république populaire de Pologne s'empressa de récupérer le bel appartement, la voiture élégante et les meubles de qualité dont ils jouissaient mais qui ne leur appartenaient pas. Jeune veuve et mère dans le plus complet dénuement, elle plongea dans la dépression.

Sur les conseils de cousins éloignés de Wlodek installés à Melbourne après la guerre, elle se résolut à l'exil avec la petite Anne. Seulement, une fois qu'elles furent sur place, les fameux cousins se firent discrets, pour ne pas dire absents. Isolée, Elisabeth fut contrainte d'inscrire sa fille à l'orphelinat afin de pouvoir travailler et survivre. Ainsi prit fin le chapitre Wlodek qui avait commencé comme un conte de fées et s'acheva dans le drame.

C'est donc à Melbourne qu'Elisabeth rencontra Morton Halpern. Son troisième mariage, en lui permettant de récupérer sa fille, l'extirpa temporairement de sa désolation, mais devint bientôt l'épicentre de son exil : vivre avec Morton, c'était éprouver chaque jour le froid des camps, le souvenir des massacres, la lame tranchante du Troisième Reich ; la catastrophe se rappelait à eux par effluves nauséabonds et réguliers jusque dans leurs rares moments de répit, tapie dans l'ombre, prête à dévorer les viscères, à trancher les gorges, à prolonger les nuits.

Une soirée d'anniversaire vient illustrer l'effroyable de leur quotidien : ce soir-là, elle et Morton sont invités chez son jeune frère Oskar qui fête ses quarante-trois ans. Elisabeth est surprise par cette invitation, elle sait que le mariage d'Oskar avec Maria est un désastre et elle redoute d'assister, pour l'une de ses rares sorties, au spectacle d'une violente dispute.

Le couple s'était rencontré une vingtaine d'années plus tôt dans un restaurant de spécialités hongroises, au cœur du quartier de St Kilda ; Maria y était alors serveuse, c'était une ravissante émigrée allemande pleine d'énergie ; dès qu'il l'avait vue, Oskar en était tombé amoureux et il lui avait fait la cour durant de longs mois ; Morton avait beau le mettre en garde contre le manque de sérieux de la pétulante munichoise, Oskar ne l'écoutait pas, l'avis de son aîné importait peu, les deux frères s'opposaient en tout : Oskar était aussi dépensier, enthousiaste et créatif que Morton était pingre, austère et réglé. L'amoureux s'entêta, se fit prévenant ; la belle le repoussa, le méprisa, lui préféra Kristof, musicien avec qui elle noua une relation passionnée et qui la quitta un matin après lui avoir volé ses maigres économies. Humiliée et sans un sou, elle se laissa consoler par Oskar, accepta ses cadeaux et ses avances, persuadée qu'il savait y faire avec l'argent et que lui ne la quitterait jamais. Mais Maria ignorait que son prétendant était joueur et qu'il empruntait à son frère d'importantes sommes pour les flamber aussitôt. Le jour de leur mariage, Oskar était aux anges et Maria certaine que sa vie serait dorénavant cossue et exaucée. Elisabeth apprécia ce jour de fête, de boisson et de danse, l'un des rares moments joyeux de sa vie d'exil. Deux mois après, jour pour jour, Maria découvrit qu'elle était stérile, mais peu importait à son mari : ils feraient, il le savait, de grandes choses ensemble. Le couple ouvrit bientôt un restaurant de spécialités d'Europe centrale et organisa une inauguration en grande pompe à laquelle se rendirent

Elisabeth et Morton ; abasourdi face à la gabegie de son cadet qui, avant même d'avoir ouvert son affaire, dépensait l'argent qu'il n'avait pas pour amadouer des pique-assiettes, Morton lui prédit la faillite. Et sans surprise, six mois plus tard, faute de discipline, Oskar et Maria mirent la clé sous la porte. Ils tentèrent d'ouvrir l'année suivante une boulangerie mais, là encore, leur projet s'effondra au bout de quelques semaines. Le temps passait et leurs rêves de fortune s'effilochaient. Elisabeth voyait Maria perdre de son allant, plonger dans l'oisiveté, dilapidant avec amertume le peu d'argent qu'Oskar gagnait à l'usine ou empruntait à Morton, le seul qui acceptât encore de le dépanner. Chaque jour Maria détestait un peu plus l'homme qu'elle avait épousé, mâchait ses regrets et se décrétait auprès de qui voulait l'entendre victime d'une tragique mésalliance : elle, la petite Aryenne, n'était pas destinée à se compromettre dans une union contre nature avec ce misérable Juif. Oskar désespérait de jamais rendre sa femme heureuse et noyait sa tristesse dans l'alcool. Multipliant les provocations, Maria contracta un nouvel emprunt et s'offrit une voiture qu'elle emboutit au premier carrefour. Jusqu'à ce soir d'anniversaire où se rendent Elisabeth et Morton.

Tous, Oskar en tête, craignent de violentes scènes de la part de Maria, et le pauvre homme se voit déjà mourir de chagrin et de solitude dans le sombre trois-pièces aux loyers impayés. Mais Maria prend la petite assemblée de court et déclare en souriant avoir préparé un gâteau. Elle a cessé de pâtisser depuis que la vacuité des jours et l'absence d'enfant lui ont ôté la joie et le goût du sucre, si bien qu'Oskar choisit d'y voir un signe d'espoir. L'atmosphère se détend. Après le goulash et la vodka, l'heure du gâteau approche ; Oskar sait qu'il ne recevra pas d'autre cadeau que celui-là, Elisabeth et Morton sont venus les mains vides, son frère et plus ancien créditeur se considère dispensé à vie de présents, mais là encore peu importe à Oskar : sa femme lui a préparé un dessert et cette unique attention lui suffit. Alors il plaisante, s'enhardit, prend Maria par la taille, l'embrasse dans le cou, la considère avec désir et s'annonce prêt à souffler ses bougies. Tandis que Maria disparaît en cuisine, Oskar se rengorge, se recompose une dignité, rafistole son âme cabossée : sa femme l'aime, ils ont toujours de grands projets ensemble, un magasin de traiteur hongrois peut-être, et bientôt Oskar remboursera à Morton tout ce qu'il lui doit. Elisabeth veut aider Maria mais elle l'invite à rester assise et à profiter, elle s'occupe de tout, et puis c'est une surprise. Seule dans son obscure cuisine, d'un geste lent et sûr, Maria retouche son glaçage, plante quarante-trois bougies qu'elle allume avec soin, puis, le plat illuminé dans les mains, emprunte l'étroit couloir qui mène à la salle à manger et entonne *Happy birthday*. Morton et Elisabeth reprennent en chœur, Oskar sourit jusqu'aux oreilles, une telle joie, une telle chaleur ne l'avaient pas submergé depuis l'inauguration de leur premier restaurant, peut-être depuis leur mariage ; Maria dépose le gâteau devant son mari, applaudissements, furtif moment d'harmonie familiale, on se dit qu'on s'aime, on se souhaite de vivre jusqu'à cent vingt ans, et Elisabeth, confiante, baisse sa garde. Sous les courtes flammes dansantes se devine par fragments le glaçage que Maria a dessiné spécialement pour son bien-aimé. Oskar s'approche, se penche au-dessus des bougies et, comme on lève le lourd rideau d'une scène de théâtre, éteint, méthodique et appliqué, les joyeuses lumières. Dans l'obscurité, le glaçage révèle, phosphorescent, le cadeau de Maria : sur un fond blanc de sucre glace, tracé dans une alternance de rouge framboise et de noir chocolat, occupant toute la surface rectangulaire du gâteau, un svastika.

*

Quelques minutes plus tard, je descends dans le lobby, aussi mal coiffée que d'habitude et avec la ferme intention de ne pas dire un mot de la soirée. Sur la terrasse, je repère la table d'Elisabeth et Carl, où est aussi installé l'infirmier. D'un geste maladroit, j'attrape une fleur bleue dans un vase, me la colle derrière l'oreille (l'Espagne se niche dans les détails), force un sourire et les rejoins.

Je suis assise à leur table depuis près d'une demi-heure et l'ambiance sinistre commence à m'affecter. Végétarien dès ses jeunes années, Carl ne cesse de pester contre le menu, estimant inadmissible que pareil endroit serve encore de la viande rouge, ce pays ne respecte donc rien, une bande d'idiots irresponsables qui se contrefoutent de la souffrance animale et mériteraient tous de crever. Pour ne pas le froisser, Elisabeth la carnivore a commandé un poisson blanc qu'elle mange du bout des lèvres mais avec le sourire ; quant à moi, j'ai demandé un faux-filet bleu et j'ai du mal à mâcher, mais tout le monde sait que les Espagnoles mangent la bouche ouverte. La seule touche un tant soit peu festive de ce repas reste l'excellent cabernet sauvignon rouge vinifié dans l'État de Victoria, commandé par Andrea et dont le serveur ne cesse de régulièrement remplir mon verre, que je ne cesse de régulièrement vider. Comme je m'ennuie, je me dis que parler pourrait peut-être me divertir.

– Sa robe lourde et charpentée me fait penser à la texture écarlate des rideaux de velours dans *Cris et chuchotements.*

Personne ne bronche. Alors je précise, cuistre et ivre :

– Bergman disait que le rouge est la couleur de l'âme.

J'ai dit ça en anglais avec un accent espagnol plutôt maîtrisé, il est vrai que l'alcool aide grandement en matière de langues. Elisabeth me sourit sèchement : elle n'approuve pas mon ivresse volontaire. Quant à Andrea, mon voisin de table et cousin éloigné de la famille Addams, il mange peu et tend tous les quarts d'heure verre d'eau et pilulier à Carl.

Nous arrivons bientôt à la moitié du repas et Carl ne m'a pas une seule fois adressé la parole. C'est alors qu'un couple de quinquas souriants, un peu replets et habillés de neuf, entre et s'installe à une table voisine. Carl leur lance un regard qu'Elisabeth attrape au vol. Il pince ses lèvres comme pour s'empêcher. En vain. Le fiel qu'il a su contenir face à la serveuse aborigène cette fois déborde par toutes ses commissures.

– Regardez-les. On les reconnaît tout de suite. Ce que l'Histoire a produit de pire.

Andrea l'interrompt en lui tendant son pilulier et je mets quelques secondes à intégrer ce que je viens d'entendre. Ceux qui viennent d'entrer m'apparaissent comme un couple d'Australiens moyens, bien peignés et a priori relativement éduqués, cependant je ne déchiffre rien d'autre, je suis étrangère ici, ne possède pas les clés de lecture qui me font décrypter en un coup d'œil une bobo architecte d'intérieur résidant rue des Martyrs à Paris ou un prof de yoga vendéen à la retraite fraîchement installé dans la Drôme provençale. Elisabeth me sent perdue, alors elle juge bon de préciser :

– Carl s'intéresse aux ethnies. Il connaît peu le peuple espagnol mais il a une connaissance assez approfondie du peuple juif.

Un étourdissement. Le serveur vient débarrasser nos assiettes et s'apprête à remplir à nouveau mon verre que cette fois je couvre de ma paume, instantanément dégrisée. Prétextant une migraine, je me lève de table et rejoins aussitôt ma chambre. Qui est ce sale type ? Comment ose-t-il débiter pareilles horreurs en toute impunité ? Et à quoi joue Elisabeth ? Au nom de quoi lui cache-t-elle son nom, son identité, notre filiation ? Incapable de m'endormir, je reste allongée, regard au plafond, tandis que ma chambre tangue ; ce vin rouge puissant m'a donné le tournis. J'ai fini par m'assoupir lorsque le téléphone sonne. Je regarde l'heure : deux heures du matin. Elisabeth est au bout du fil, voix blanche.

– *Sweetheart*, rejoins-moi dans ma chambre, s'il te plaît.

Affolée, je bondis hors de mon lit, enfile un gros pull par-dessus mon pyjama, sors de ma chambre, fais deux pas dans le couloir, frappe à la porte d'Elisabeth qui m'ouvre aussitôt, visage défait. Je découvre alors, allongé de tout son long sur son lit, Carl. Le vieillard est évanoui et Elisabeth tout à fait paniquée.

– Il dort ou il est mort ?

– Je n'en sais rien ! Tu penses que je dois appeler la réception ? Ou bien Andrea ? Est-ce que je l'ai tué ? Quelle heure est-il ?

Je lui tends un verre d'eau, calme-toi, *grandma*, assieds-toi, respire. Mais soudain Carl se redresse d'un coup, avale, bouche grande ouverte, une profonde goulée d'air et lance à Elisabeth un regard halluciné. En une fraction de seconde, elle saisit son épais livre de chevet et lui assène un violent coup sur le crâne. Le vieillard retombe aussitôt, inconscient.

II

Des nuages et du vent mais pas de pluie

Depuis bientôt sept ans, chaque hiver, Elisabeth croisait Carl à Mount Buffalo. Sous son ancienne identité d'aristocrate polonaise catholique, elle se laissait courtoisement séduire par l'octogénaire allemand, riait de ses plaisanteries douteuses, échangeait avec lui sur *L'Anneau du Nibelung* et, indétectable jusqu'à la pointe de ses cheveux blancs de vraie blonde, abondait sans ciller à ses thèses racistes et antisémites. Elisabeth se découvrait un goût pour la duplicité et s'amusait de ce batifolage tabou.

À la fin de chacun de ses séjours, portée par un sentiment nouveau, elle attendait l'année suivante, et s'étonnait de cette patience qui l'animait. Rafi Eitan, l'agent du Mossad qui captura Adolf Eichmann le 11 mai 1960 dans une banlieue de Buenos Aires, avait attendu deux ans la confirmation que le criminel nazi résidait bel et bien dans le quartier d'Olivos sous la fausse identité de Ricardo Klement avant d'opérer. Dès qu'il eut reçu le feu vert de son bureau, Eitan avait agi avec la rapidité de l'éclair, mais je ne vois pas le rapport.

– C'est pourtant simple. Mon feu vert, Carl me le donnait à son insu. À l'instant où il demandait ma main, nous partions en pré-lune de miel, je me débarrassais de son infirmier en prétextant ces quelques jours d'idylle en tête à tête, puis, le soir de nos noces, je lui dévoilais ma véritable identité. Et là, privé depuis plusieurs jours de son pilulier, le vieux nazi faisait une attaque et mourait.

C'était le plan initial d'Elisabeth. Confier sur l'oreiller à ce nazi cardiaque et octogénaire en qui elle avait reconnu un officier de la Waffen-SS qu'il venait d'épouser une Juive de Lvov. Autant dire le crime parfait. Mais les choses ne s'étaient pas déroulées ainsi.

Quelques minutes après notre sinistre dîner, Carl invite sa « fiancée » à boire un cognac dans le bar lambrissé du vieux chalet, immanquablement désert après vingt-deux heures. Ils discutent de la qualité de la neige dans les Alpes orientales autrichiennes, la comparent à celle des Alpes australiennes, puis il la raccompagne à sa chambre, insiste pour boire un dernier verre – après tout, ils sont fiancés –, ce qu'elle accepte. Mais à peine entré, le vieux Carl a un geste déplacé. Elisabeth ne m'en dit pas plus mais je comprends que le vieux salaud l'a pelotée. La carrière tardive de Mata Hari de ma grand-mère s'arrête aussi sec : elle se raidit, l'insulte et, sous le coup de la colère, laisse échapper un juron en yiddish avant de le pousser violemment contre le lit ; le vieillard se relève, la fixe d'un air mauvais, se rue sur elle, la fait tomber au sol, presse ses mains autour de son cou, Elisabeth le mord et se dégage de toutes ses forces, il se cogne la tempe contre la tête de lit, saigne un peu et perd connaissance. Alors, effrayée, elle m'appelle.

Ces révélations en cascade semblent surgir d'une réalité parallèle. Est-elle sûre de ce qu'elle avance ? Carl Schubert était-il un officier SS ? Et si elle se trompait ? Si le misérable n'avait été qu'un médiocre fonctionnaire, un nazillon comme il y en eut des dizaines de milliers ?

– J'ai fait mes recherches. En émigrant ici, le vieux salaud n'a même pas pris la peine de changer de nom. C'est un assassin qui aurait dû être jugé, emprisonné, exécuté. Au lieu de quoi l'Australie l'a accueilli comme un bienheureux. Par ailleurs il est O négatif.

Je ne comprends pas.

– Comme tous les SS, son groupe sanguin est tatoué sous son aisselle gauche et là encore, contrairement à d'autres, il n'a même pas essayé de l'effacer. Il s'est sans doute dit qu'ici, loin de tout, personne ne détecterait ce signe distinctif.

Elisabeth lève le bras du vieillard en un geste funeste pour m'en dévoiler le tatouage, et ce sinistre détail me tétanise. Elle tombe assise dans le fauteuil club face à son lit, soudain exténuée. Je décroche le téléphone de sa chambre.

– Que fais-tu ?

– J'appelle Andrea, je le préviens que Carl a fait un malaise, il vient le chercher et nous rentrons demain à la première heure à Melbourne. À notre arrivée, nous constituons un dossier pour faire juger ce vieux salaud. Son crime étant imprescriptible, nous pourrons…

– Raccroche. S'il te plaît.

Son ton est sans appel. Je m'exécute. Elle se lève, fébrile.

– Personne ne s'est soucié de lui depuis tout ce temps, pourquoi s'en soucieraient-ils à présent ? Et le temps d'instruire son dossier, des années auront passé et il aura tout le temps de mourir de mort naturelle.

Certes. Mais à présent que son projet de crime parfait est tombé à l'eau, que compte-t-elle faire de ce nazi croulant allongé dans son lit ?

– C'est toi la scénariste, alors lis, revois des films et trouve un mode opératoire insoupçonnable et définitif pour nous en débarrasser.

Et Elisabeth me désigne le mystérieux carton qu'elle a apporté et qui se révèle rempli de livres spécialement sélectionnés pour moi. J'y découvre, pêle-mêle, témoignages et récits de survivants de la Shoah, enquêtes et essais sur les camps et les nazis. Je rembobine les séquences de ces derniers jours et comprends qu'Elisabeth a tout prémédité : elle m'a conviée à Mount Buffalo pour l'assister dans son projet et trouver, au cas où les choses ne se dérouleraient pas selon ses plans, le moyen infaillible de venir à bout d'un vieux génocidaire impuni.

*

Jusqu'ici la vie m'avait menée vers des histoires ténues où la névrose auto-infligée était la principale source de difficulté des personnages, où les méchants n'en étaient pas vraiment. Comme dans la plupart des comédies que j'appréciais, mes personnages occupant la fonction de Némésis prenaient alternativement la figure du snob, de l'idiot ou de l'ambitieux, lorsqu'ils ne combinaient pas les trois en la personne d'un producteur de télévision des années 1990. Je ne m'étais encore jamais frottée à un vrai salaud comme Dark Vador ou Le Pingouin, de ces vermines qui ont du sang sur les mains, rivalisent de cruauté et jouissent avec une perversion toute sophistiquée des souffrances qu'ils infligent. Et voilà que ma grand-mère m'intimait l'ordre de me confronter à ce type d'antagoniste, moi la petite autrice qui avais fui toutes ces années l'implacable du réel, m'entêtant à cultiver la fleur enthousiaste et délicate de l'enfance et refusant de considérer l'une des pires pages de l'Histoire qui avait frappé la branche maternelle de ma famille. Trop tard. Je suis rattrapée par le chœur tragique, contrainte de regarder l'horreur en face, marquée à l'encre indélébile. Or, encore moins que le thriller, l'horreur est mon genre de prédilection, de même que le film de vengeance. Comment ma grand-mère a-t-elle pu me désigner comme celle qui la tirerait de ce mauvais pas ? Je n'ai aucune idée de ce qu'elle attend de moi. De ce qui nous attend.

Malgré tout, il n'est pas question de tourner le dos à Elisabeth, pas question qu'elle soit la seule incriminée dans cette sombre affaire. Irrémédiablement liée à elle, je me dois de respecter coûte que coûte ce curieux pacte qu'elle m'impose. Et je repense au contrat silencieux entre Billy Wilder et le consul américain de Mexicali, ville mexicaine frontalière de la Californie : en 1934, le futur cinéaste était alors un réfugié sans papiers qui avait fui Berlin pour Hollywood avec une valise et, son visa de tourisme ayant expiré, il venait le renouveler à la frontière la plus proche. Wilder raconte que l'agent lui demanda un certain nombre de papiers dont il n'était évidemment pas en possession. Les minutes passent et le fonctionnaire tient littéralement le destin d'un des plus grands cinéastes de sa génération au bout de son tampon ; il toise Wilder sur un fil et lui lance : « *What do you do ?* » Wilder : « *I write movies.* » Un silence. Il se lève. Se rassied. Puis, tamponnant un papier et lui tendant son visa : « *Write some good ones.* » Pacte prodigieux, intuition providentielle, le diplomate avait-il été touché par la sincérité de l'homme en cavale ou était-il simplement amateur de films hollywoodiens ? Certes, je ne risque pas une mort certaine comme Wilder s'il était retourné à Berlin, mais je suis moi aussi suspendue à un fil, contrainte de raconter une bonne histoire car se tiennent d'un côté de la balance la mémoire de ma grand-mère, de l'autre mon potentiel talent. Si j'y parviens, c'est pour elle une promesse d'éternité exaucée ; si j'échoue, une errance misérable et sans fin de ses récits et souvenirs éparpillés par ma seule faute.

Ayant rejoint ma chambre pour m'asperger le visage d'eau glacée, j'entends Elisabeth s'activer par-delà la cloison et la retrouve bientôt échevelée, tout occupée à ligoter à la structure du lit le vieillard toujours dans les vapes.

– Comme Eichmann juste après son kidnapping, précise-t-elle.

Elle utilise une corde souple et légère aux couleurs vives.

– D'où sors-tu cette corde ?

– C'est une longe. Je l'ai achetée pour faire de l'escalade.

En plus d'être une remarquable skieuse, ma grand-mère fait donc aussi de l'escalade et je suis décidément son boulet, incapable de la surpasser en quoi que ce soit, alors comment diable vais-je pouvoir l'aider ?

– Je croyais que tu méprisais mes choix de carrière, que tu me trouvais professionnellement nulle.

– Justement, il est temps que ça change, non ?

Et puis l'heure n'est pas aux compliments car un corps inerte gît ficelé sur son lit, punaisé au matelas comme un funeste papillon, et je m'interroge : ma grand-mère a-t-elle eu dans sa jeunesse la vocation contrariée d'une chasseuse de nazis ? Attendait-elle depuis tout ce temps l'occasion de venger les siens ? Mais alors pourquoi ce revers soudain, cette négligence à jurer en yiddish, elle qui n'avait jamais commis pareille erreur durant ses années de guerre ? Ses intentions vengeresses lui sont-elles soudain apparues coupables ? A-t-elle été prise de remords ? À moins qu'elle ait jugé la tâche soudain trop vaste et sa vivacité d'alors émoussée par le temps ?

– Rien de tout cela, *sweetheart*.

Elle n'avait rien cherché, rien manigancé. La réalité emportant tout sur son passage, comme pour la plupart des survivants une fois la guerre terminée, ma grand-mère avait encore et toujours pensé à sa survie. Combien de désirs de vengeance s'étaient-ils érodés derrière la nécessité à gagner son pain, à se rebâtir un corps, une famille, un pays ? Après deux mariages, deux enfants et quelques années d'après-guerre bénies, Elisabeth s'était à nouveau retrouvée seule et avait travaillé à subvenir à ses besoins et ceux de sa fille cadette. Et voilà qu'un demi-siècle plus tard, lors d'un séjour entre amis à Mount Buffalo, à l'aube de ses soixante-dix ans et après une vie laborieuse aux côtés de son austère troisième mari, la jolie vieille dame avait sincèrement plu à Carl. Dès leur première rencontre, Elisabeth eut l'intime conviction que cet homme-là avait le cœur sec : à l'âpre qualité de sa présence, à l'économie de ses mots, à la rigidité de son port de tête, à ses emportements soudains, et bien qu'il se montrât à elle sous son jour le plus favorable, elle fut aussitôt saisie par la vision de Carl en costume de la Waffen-SS. Elle ne se l'expliquait pas, sinon par une de ces corrélations mystiques qui menaient les plus grands criminologues à creuser et vérifier la véracité de leur intuition. Elisabeth *savait*. Elle savait que Carl Schubert avait activement participé à la Solution finale.

La première année, elle ne chercha pas à approfondir, trop inquiète de ce qu'elle pourrait découvrir ; mais l'année suivante, elle commença à considérer les infinies possibilités que lui offrait cette sombre rencontre. Et peu à peu l'idée de le piéger avait germé. Chaque début d'hiver, elle attendait leurs retrouvailles, guettait la morsure empoisonnée, ce sentiment d'étouffement qui la saisissait aussitôt qu'elle lui faisait face. Carl n'avait jamais croisé Elisabeth durant les années d'occupation nazie en Pologne ou en Ukraine, il n'avait pas mis les pieds dans le ghetto de Lvov, n'avait directement pris part à la déportation d'aucun des membres de la fratrie d'Elisabeth, mais ce projet dépassait la vengeance individuelle : cet homme-là avait contribué au massacre de masse de son peuple, il était demeuré impuni et, pour cette raison, il devait payer. Tôt ou tard, et il n'était jamais trop tard. Ce n'est qu'à l'issue de son quatrième séjour à Mount Buffalo qu'Elisabeth entama ses recherches. Elle qui n'avait jamais enquêté se tourna vers une de ses amies dont la nièce travaillait aux Archives nationales de Canberra. Elle put en échange de quelques gâteaux, et dans la plus grande confidentialité, consulter les registres des entrées sur le territoire australien. Elle retrouva la trace de Carl Schubert. La précédant de dix ans, l'assassin avait débarqué à Melbourne depuis un bateau au départ de Gênes en 1947 (était-ce le même que celui de Morton ?). Il s'était mêlé, comme nombre de ses congénères, à d'anciens déportés à qui la Shoah avait tout pris, famille, récits, maison, questions. Elisabeth poursuivit son enquête et contacta une des belles-sœurs de son mari, une Allemande demeurée à Munich, qui y occupait un poste de fonctionnaire de mairie. Elle lui écrivit de longs mois durant et détailla avec force détails les raisons de sa quête. La femme pouvait accéder aux archives et registres qui avaient échappé à la destruction juste avant la débâcle nazie, et dans lesquels avaient été consignées, avec une méticulosité glaçante, les ordonnances de déportation et d'assassinat signées des mains des bourreaux. Elisabeth la pria de lui envoyer des copies de pages dans lesquelles apparaissait le nom de Carl Schubert. Elle écrivit aussi à l'Institut viennois Wiesenthal d'études sur la Shoah et au mémorial de Yad Vashem à Jérusalem. Et par un beau jour de printemps, elle reçut deux épaisses enveloppes contenant une cinquantaine de documents photocopiés, tous relatifs aux « faits d'armes » de Carl Schubert. L'intuition d'Elisabeth avait été la bonne : Schubert avait bel et bien servi le Troisième Reich en tant que haut fonctionnaire. Chimiste de formation, il avait occupé un poste au sein du sinistre Office central SS pour l'économie et l'administration, dont la mission consistait à dépouiller les déportés de tous leurs biens afin de financer la SS. Montres, alliances, lunettes, bijoux, pièces de monnaie et billets, dents en or arrachées sur les cadavres, cheveux des femmes tondues juste avant d'être gazées étaient méthodiquement pillés, triés, désinfectés, puis envoyés à la Reichsbank. Carl Schubert y avait d'abord été un agent admiratif de son chef Oswald Pohl, condamné à mort à Nuremberg en 1947. Fonctionnaire zélé, sérieux et organisé, il avait rapidement été promu, avait gagné en responsabilité jusqu'à être invité sur les lieux du crime, les rampes des camps d'extermination et les antichambres des chambres à gaz, là où hommes, femmes et enfants étaient déshabillés, pillés, tondus, avant d'être tués par asphyxie. Lorsqu'il était présent, Schubert n'était pas officiellement en fonction mais en observation : il s'assurait après chaque convoi assassiné que le travail avait été correctement fait. S'il croyait surprendre un membre du Sonderkommando en train de cacher une dent en or fraîchement arrachée à la bouche d'un coreligionnaire, il prévenait un de ses collègues en crime et la sentence était aussitôt la mort. Il appréciait ces moments aux côtés de ceux qui à ses yeux œuvraient en première ligne pour le Reich ; si bien qu'à plusieurs reprises, et avec l'aval d'un des chefs de camp, il liquida de son Luger, avec le sentiment du devoir accompli, hommes, femmes et enfants qui avaient osé montrer le plus infime signe de résistance ou fait éterniser leur agonie. Telle était l'abjecte créature à qui l'Australie avait ouvert les bras et offert un havre de paix. Et qui en avait impunément profité pendant plus de cinquante ans.

Je suis saisie. Toute traversée de haine brûlante. L'imprescriptibilité surgit, brutale, tenace. Inéluctable. Une dizaine d'années plus tard, un rapport déclassifié du Mossad intitulé « Des nuages et du vent mais pas de pluie » révélerait, à l'image de son titre doux-amer tiré d'un verset du Livre des Proverbes, qu'Israël, après la capture d'Eichmann, avait dû se concentrer sur des priorités géopolitiques plus urgentes que celle de punir les bourreaux de six millions de Juifs. Mais pas nous. Pas aujourd'hui. Aujourd'hui il pleut. Il neige même.

– Il faut d'abord nous débarrasser d'Andrea.

– Je m'en occupe, lancé-je d'une voix sûre.

Je n'ai pas la moindre idée de la façon dont je vais m'y prendre.

Du courage

Il reste à peine une heure avant le lever du jour et je n'ai pas fermé l'œil. Prise de vertiges. Aspirée de l'intérieur par l'empilement de données. Le pacte tourne en boucle et m'oblige, je n'en demeure pas moins tétanisée à la perspective d'aider Elisabeth. À six heures du matin, je m'apprête à frapper à sa porte dans le vain espoir de la ramener à la raison lorsque je vois arriver droit sur moi, depuis l'extrémité du couloir, oscillant d'une de ses gigantesques jambes sur l'autre, Andrea, impassible créature de Frankenstein. Je retourne précipitamment dans ma chambre, enfile un short long, un T-shirt, une polaire et pour la première fois mes runners flambant neuves. Il frappe à la porte d'Elisabeth lorsque je surgis à mon tour dans le couloir en sautillant, cherchant pour je ne sais quelle raison saugrenue à donner l'image d'une joggeuse endurcie qui s'échauffe au saut du lit.

Faisant mine d'être agréablement surprise de le voir, je lui intime en anglais, et dans un sourire entendu, l'ordre de ne pas déranger Carl, « en grande conversation » avec ma grand-mère. Un silence fugace s'installe entre nous. Andrea et ses maussades pensées n'ont pas saisi mon allusion. Me vient alors l'idée lumineuse de lui proposer de courir : ma grand-mère envisage de tuer un criminel cardiaque en le scandalisant, je peux de mon côté épuiser un cœur peu aguerri en le faisant courir à l'aube par moins dix dans l'épais bush australien. Andrea accepte et, à cet instant, je vois une furtive lueur de satisfaction traverser son regard de poisson froid. Détail qui de toute évidence aurait dû m'alerter.

Je l'attends dans le lobby, échauffant les articulations de mes épaules et sautillant toujours aussi sottement, et le vois arriver, long et souple, au-dessus de vieilles chaussures de course. Nous convenons de prendre un chemin de randonnée puis nous engageons silencieusement sur un tronçon goudronné dont la neige a été déblayée, avant de rejoindre un petit sentier boueux et caillouteux. Sentant la conversation hypothétique, je regrette de ne pas avoir pris mes écouteurs. Et je comprends au bout de deux foulées que j'ai affaire à un marathonien. Rapidement, Andrea me laisse à la traîne, parfois il se retourne et me balaie du regard, vague sourire aux lèvres, courant quelques mètres à reculons avec une aisance déconcertante, et jamais ne décélère, jubilant de me voir essoufflée, pleinement conscient de la torture qu'il m'inflige. Le cœur au bord des lèvres et de plus en plus paniquée à l'idée de finir perdue dans le bush glacé, je m'arrête, courbée, mains aux genoux, à bout de souffle, lorsque je l'entends, monocorde et ironique, surgir du silence de ses foulées :

– C'est un coriace. Préparez-vous à souffrir.

Interdite, je rembobine le film de ces dernières heures et me revois, à notre arrivée, donner mon nom à la réceptionniste de l'hôtel, tandis qu'Andrea attend derrière moi : nous a-t-il démasquées dès le premier jour ? Je repère aussi sans mal une succession de brèves humiliations que le vieillard lui a infligées, alors, comme s'il m'avait entendue penser, Andrea précise : mille fois il a rêvé de faire taire le vieux, éreinté par ces quatre derniers mois passés à le torcher, à lui faire avaler ses pilules, à supporter ses rabrouements quotidiens. À ses yeux, notre projet est aussi salutaire que périlleux. Il me lance un regard grave avant de s'éloigner du haut de ses longues jambes et de disparaître au bout d'un sentier.

Seule sur une route inconnue, poumons brûlés par le froid, je digère ce que je viens d'apprendre ; à la fois soulagée qu'Andrea ne se dresse pas en travers de notre mission et attristée par sa peine. Cependant je suis peu surprise : pourquoi le criminel serait-il conciliant avec son entourage ? Lors du dernier dîner, il n'a pas été un simple vieillard atrabilaire, il s'est révélé particulièrement féroce. Tout au long de sa détention dans le sous-sol d'un immeuble de Damas, de 1989 jusqu'à sa mort en 2001, Alois Brunner, alors sous la surveillance de soldats opérant pour les services de renseignement de Hafez el-Assad, était d'une humeur invariablement épouvantable ; le responsable de la Solution finale en France et de la déportation de l'ensemble de la communauté juive de Thessalonique ne cessait de pester contre ses gardiens qui, pourtant, le traitaient avec humanité, veillaient à ce qu'il ait suffisamment à manger et constituaient la seule présence autorisée à ses côtés. Une autre espèce d'homme aurait montré une fragilité, engagé la conversation, peut-être raconté une histoire, usé d'un certain charme par la seule nécessité d'entrer en lien avec un autre être humain ; pas lui. Ce meurtrier de masse qui avait fait marcher la machine de mort créée par Eichmann ne manifesta jamais la moindre douceur envers quiconque, et notre détenu est de la race de ceux-là, cœur rongé par la haine, corps plein de colère, vitupérant et crachant son fiel sur quiconque l'approche.

Épuisée, je scrute le ciel de peur qu'il ne s'obscurcisse, et ce malgré l'aube, tant me paraît possible dans cette forêt de conte toute transgression aux lois physiques les plus élémentaires ; ici, le soleil jaillit du sol, se répand liquide sur les terres enneigées et brûle le massif jusqu'à la dernière branche ; la lune apparaît au pied d'un sommet et en inverse la forme, cime plantée dans la terre et large base oscillant au milieu des nuages, menaçant de tout écraser autour d'elle ; et le ciel donc précipite l'aube dans l'obscurité, corps et yeux déréglés baignant dans une nuit perpétuelle qui engloutit le monde. Aux bizarreries qui affectent la matière s'ajoute une étrange présence à mes côtés, insaisissable à mes regards, souffle chaud, respiration puissante, mouvements enveloppants, qui déplace souplement l'air avant de s'évanouir, agile, dans les ténèbres du bush, et je reste saisie, fascinée par la singulière rencontre ; puis je rebrousse chemin, cours, marche, trébuche, craignant de finir piétinée par la vision imaginaire. À la morsure de la panique se mêle la honte de la lâcheté car la vérité me saute au visage : si j'écris comme je cours, ma grand-mère a du souci à se faire.

En regard de mon manque de courage, je repense aux premiers actes de bravoure d'Elisabeth, lorsqu'elle s'appelait encore Lea.

Peu après les bombardements de la Wehrmacht qui s'abattirent sur Lvov à l'été 1941, marquant les débuts de l'opération *Barbarossa*, Baruch et Josef, les deux frères aînés d'Elisabeth, furent convoqués comme tous les jeunes hommes juifs au commissariat le plus proche, sous le prétexte d'y apporter le poste de radio familial. En réalité pour vider les geôles où gisaient par centaines, empilés les uns sur les autres, des cadavres de prisonniers anticommunistes précipitamment exécutés par les Soviétiques à la veille de leur retraite face à l'ennemi nazi, avant d'être à leur tour sommairement exécutés ou envoyés en camp de travail. Soupçonnant ces sinistres intentions, aucun des deux frères ne se présenta à la convocation. Cependant les milices ukrainiennes nationalistes qui s'étaient spontanément mises au service de la Gestapo ratissaient chaque immeuble.

Un matin des coups sont frappés chez la famille Lieberman. À leur porte ni signe religieux ni nom apparent. Dans le salon, Lea voit son père et ses deux frères assis, bruns et vulnérables, et leur ordonne de ne pas bouger : son père le lui a suffisamment répété, son visage est insoupçonnable, son polonais sans accent, son allemand de qualité, elle sera leur meilleur bouclier ; le père de Lea n'a pas le temps de demander pardon à sa plus jeune enfant – Lea a dix-neuf ans à peine – de faire reposer sur ses frêles épaules la survie de la famille que, déjà, elle rajuste sa tenue. Et ouvre la porte. Un milicien ukrainien se tient large et haut sur le palier, fait claquer ses talons et lui demande si des Juifs habitent dans l'appartement. Lea prend une mine polie et légèrement offensée. Et répond : « Non, monsieur, il n'y a pas de Juifs ici. » Le milicien présente ses excuses, lui souhaite une bonne journée et prend congé. Lea referme la porte. S'y adosse, respire. Le premier regard ennemi posé sur elle a donné raison à son père, Lea vient de faire gagner quelques heures de vie aux siens, le jeu de masques peut commencer. Elle rejoint son père et sa fratrie dans la pièce attenante. Battements de cœur, étreintes familiales, chuchotements ; se rejoue en silence la funeste musique des secondes écoulées et du piège qui se précise. Personne ne se réjouit, tous savent le répit de courte durée. Deux jours plus tard, Josef est arrêté dans la rue et envoyé dans le camp de travail de Janowska où il périt peu de temps après – Elisabeth ne saura jamais la date exacte de son décès. Bientôt la famille emménage dans le ghetto de Lvov, rue Słoneczna. Dans le quartier, les arrestations de masse par les SS sont quotidiennes. Un après-midi, tandis qu'elle fait la queue devant une épicerie, Lea est prise dans une rafle. Dos au mur, jambes tremblantes, collée à mille visages déformés par la peur, elle comprend qu'elle est sur le point d'être embarquée pour la mort. Elle doit agir vite. Parmi les soldats encerclant les civils, elle en repère un à l'écart, jeune, avenant, traits réguliers ; elle s'en approche et, répétant les mots que sa mère lui chuchote à l'oreille, lui dit en allemand :

– Regardez-moi. S'il vous plaît, laissez-moi partir.

Le soldat la toise, surpris d'une telle requête quand le plus infime signe de résistance d'un civil est puni de coups de crosse ou d'une balle dans la tête. Mais Lea a planté ses yeux dans les siens ; elle lui impose ce face-à-face. Il la considère une longue seconde. Et, dans un souffle, lui répond :

– Partez et ne revenez pas. Ici personne ne survivra.

Lea fend la foule, n'entend plus les cris ni les aboiements, fuit comme une évadée, ses pas réglés sur les empreintes et paroles maternelles.

Pour la deuxième fois, le regard de l'ennemi posé sur elle la sauve car sa mère, pense Lea, la protège depuis le lieu même de son absence. Regarde-moi, a-t-elle exigé, a-t-elle supplié, jauge mes chances de survie, considère ma jeunesse, contemple mon audace, exauce mes espoirs. L'ennemi a-t-il cédé à son bel éclat ? À moins qu'il n'ait perçu ses prières silencieuses et réellement miré son visage, visage d'une Juive et d'une Aryenne, de l'autre et du même, visage de l'altérité, de l'inquiétante étrangeté. Peut-être a-t-il entendu le fantôme de la mère de Lea les lui murmurer à l'oreille et posé ainsi sur la fille, quelques incandescentes secondes, des yeux caressants et maternels ; de ces yeux qui, attentifs, observent leur progéniture, généreux, autorisent leur envol, puissants, donnent vie. Barbara m'a souvent répété qu'elle et moi existions grâce à ce soldat allemand, et je me plais à imaginer cet inconnu habité un furtif instant par l'esprit de mon arrière-grand-mère.

Ce regard rédempteur en évoque un autre, à une autre époque, pour une autre histoire.

Une quinzaine d'années après lui, Elisabeth fuyait Varsovie pour Melbourne avec sa deuxième fille, tandis que Marek embarquait leur aînée dans son exil parisien. Dans le petit appartement familial de Sarcelles, Barbara recevait de temps en temps de sa mère une carte postale, quelques photos, une lettre. Les années s'écoulèrent, longues et solitaires, jusqu'au jour où, âgée de vingt ans, jeune étudiante boursière à la Sorbonne et amatrice de musique yéyé, elle trouva dans son courrier un billet de bateau pour Melbourne. À son tour, et près de dix ans après Elisabeth, Barbara embarqua pour deux longues semaines sur l'immense paquebot qui fit escale dans les coins les plus paradisiaques du globe avec, pour destination finale, sa mère. À son bord, un jeune équipage anglais avec qui elle rit, but et fit la fête pour ne pas trop penser aux retrouvailles.

Le jour de son arrivée, Elisabeth l'attend sur le quai. La repérant parmi la foule, elle lui fait signe. Barbara approche, épuisée, traqueuse. Elisabeth l'observe un long moment. Et lui dit, en guise de bonjour :

– Tu n'aurais pas survécu.

Les retrouvailles tant attendues volent instantanément en éclats. Ces mots-là, « Tu n'aurais pas survécu », sous-entendent-ils « Tu n'aurais jamais dû naître » ? À moins que, maladroits, ils ne fassent le constat de la chance de Barbara, née à la bonne époque et partie vivre en France avec son père adoré, contrairement à la petite Anne, sa cadette, qui souffrit d'un exil précoce et de l'austère éducation de Morton dans un pays fruste ? Dans les deux cas, c'est un reproche et Barbara mettra des années à pardonner à sa mère.

Et pourtant.

Je tente une deuxième chimère. Après tant d'années de séparation, Elisabeth redoute que le face-à-face avec sa fille ne tourne à celui de deux étrangères. Or, quelle meilleure façon de ranimer leur lien que de donner une seconde fois naissance à son aînée ? Le coup d'œil que la mère a posé sur la fille n'est-il pas de même nature que celui du soldat qui a sauvé Elisabeth un quart de siècle plus tôt ? Privée depuis toujours d'un regard maternel tendre et protecteur, Elisabeth l'a remplacé par celui, brutal et libérateur, qui l'a extirpée de son cercueil et lui a offert une seconde vie.

Et ce verdict anachronique à la fois sauve et condamne : il épargne Barbara qui, cheveux châtains, grands yeux verts et nez busqué, ne risque aujourd'hui plus rien, mais il voue un de ses avatars né avant la guerre à une mort certaine. Il suggère ainsi d'autres possibilités de Barbara, des Barbara alternatives qui floutent et estompent l'existante et après lesquelles elle ne cessera de courir dans l'espoir de reconstituer son enveloppe. Absence de regard maternel, impossible transmission. Si, comme le verbe, le regard donne vie, alors ne pas être vue par sa mère, c'est n'avoir ni corps ni contours, demeurer en pointillé, tenter en vain de rassembler ses mille autres soi et toujours échouer en morceaux épars. Et à son tour ne transmettre qu'une ligne suffocante et interrompue.

*

Au bout d'un quart d'heure de déroute par les sentiers enneigés, au cours duquel je suis morte plusieurs fois et dans d'atroces circonstances, je rejoins l'hôtel, courbée de froid et d'angoisse, et frappe, tremblante, à la porte de la chambre d'Elisabeth. Celle-ci m'ouvre, nerveuse et décoiffée, je vois alors Andrea, debout face au vieillard toujours inconscient et ficelé au lit. L'infirmier tient dans une main une épaisse liasse de dollars australiens, dans l'autre une clé qu'il dépose sur la commode de l'entrée. Je croise le regard horrifié d'Elisabeth qui tente de se justifier :

– J'expliquais à Andrea que nous avons fait un peu d'exercice physique et Carl a soudain eu un malaise.

Andrea n'en a pas cru un mot et Elisabeth le sait. Tout en enfonçant l'argent dans ses poches, il se dirige vers la porte et précise :

– Il n'a personne, ni femme ni enfant. Sa famille en Autriche l'a renié, ses rares amis australiens sont morts.

Les seules choses auxquelles il tient sont ses lapins et ses poules, qu'il entend léguer au WWF, de même que sa grande maison dans l'État de Victoria.

Il poursuit, ressortant une liasse de sa poche :

– Ces billets étaient dans son coffre, il les emportait partout avec lui, il ne faisait pas confiance aux banques. Le code du coffre est 081241.

– Pourquoi 08 ?

Mais Andrea ne répond pas et, posant un dernier regard sec sur le vieillard criminel :

– Il n'est pas seulement cardiaque. Il est aussi diabétique. Ne le ratez pas. Faites-lui mal.

Il sort. Alors je tente : 1241 comme décembre 1941, date de la mise en marche de Chełmno, le premier camp d'extermination. Et 08 comme l'infini ?

Vengeurs

Tout au long de sa séquestration à Buenos Aires, qui avait précédé son transit jusqu'à Jérusalem, les hommes du Mossad n'adressèrent pas un mot à Eichmann : il s'agissait alors de susciter chez lui un sentiment de désespoir, d'annihiler toute lueur, toute lumière, toute possibilité de lendemain. Il mangeait, se lavait, allait aux toilettes dans un silence pesant. Cependant les agents prenaient soin de leur détenu afin qu'il arrive en forme et pleinement conscient à son procès. Pour Elisabeth, maintenir le vieillard en forme n'est pas une option : ayant depuis le début renoncé à impliquer les autorités compétentes et considérant toute perspective d'action en justice parfaitement inutile, elle préfère l'assommer de somnifères en attendant l'arrêt cardiaque.

À deux reprises, une femme de chambre frappe à la porte et Elisabeth me demande de la congédier. Autour de vingt heures, je m'éclipse et reviens avec des sandwiches auxquels elle ne touche pas. L'estomac noué et les yeux rivés sur le nazi endormi, elle a cessé de parler. À deux heures du matin, vingt-quatre heures se sont écoulées depuis le coup asséné avec les œuvres complètes de D. H. Lawrence et Elisabeth flanche : qu'est-elle en train d'accomplir ? Elle n'a rien d'une criminelle, ne connaît pas les méthodes des assassins, se demande si tout cela n'est pas une farce stupide, ne sait pas combien de temps cette agonie pourrait durer, alors à quoi bon nous infliger une telle épreuve ? La vengeance tardive revêt des allures de perversion dans lesquelles elle ne se reconnaît pas ; elle ne veut pas finir ses jours en prison pour un vieux salopard, malgré tous ces destins arrachés à leur sort, malgré l'horreur et l'impunité, elle ne veut pas faire l'apologie de la vengeance mais au contraire faire justice, elle sait que son geste ne réparera rien, que la blessure demeurera, le criminel a eu une belle vie, elle a fait la sienne, les six millions de morts ne reviendront pas. Je lui rappelle qu'il n'est pas trop tard pour tout arrêter, il suffit d'un coup de fil à la réception, d'un appel à un médecin, d'un mensonge pour que le corps lourd disparaisse de sa chambre et de son lit, à défaut de ses pensées nocturnes. Elisabeth me regarde plusieurs longues secondes en silence. Un instant je pense qu'elle va choisir la voie judiciaire, alors j'évoque la Special Investigations Unit australienne, conçue sur le modèle de l'Office of Special Investigations, division créée à la fin des années 1970 au sein des affaires pénales du département de la Justice des États-Unis, à l'initiative d'une autre

Elisabeth, la sénatrice démocrate et chasseuse de nazis Elizabeth Holtzman : nous pourrions faire appel à la commission australienne, lui transmettre les documents que ma grand-mère a consciencieusement rassemblés depuis quatre ans, et la procédure suivrait son cours. Certes, il faudrait nous armer de patience : la voie judiciaire est longue, éprouvante, minutieuse. Dans les années 1980, chaque nazi retrouvé sur le sol américain, devenu à la suite de son immigration après la guerre citoyen des États-Unis, faisait l'objet d'un dossier qui devait franchir différents échelons du système judiciaire avant qu'il puisse être jugé pour crimes de guerre : il fallait d'abord le déchoir de sa nationalité américaine, et pour cela passer devant un tribunal de première instance, une cour d'appel puis la Cour suprême ; ensuite l'expulser vers son pays, et là encore son dossier était soumis à un tribunal de l'immigration, une cour d'appel de l'immigration, une cour d'appel fédérale, enfin à la Cour suprême ; à l'issue de ces sept étapes au cours desquelles il ne s'agissait pas simplement pour les avocats de la commission de prouver que la personne avait menti sur ses activités passées lors de son entrée aux États-Unis, mais qu'elle avait bel et bien du sang sur les mains, le criminel était enfin jugé dans son pays d'origine puis condamné à la peine maximale. Je ne connais pas bien le système judiciaire australien mais ça ne devrait pas être si différent : il y a des tribunaux d'instance, des cours suprêmes dans chaque État ou territoire, et enfin la Haute Cour d'Australie, alors nous devrions essayer. Nous aurions la satisfaction de renouer avec la justice et, prolongeant le remarquable travail de Mark Aarons, journaliste australien qui a dénoncé les criminels de guerre présents sur l'île-continent, nous deviendrions à notre tour lanceuses d'alerte, héroïques peut-être, mais surtout éthiques. Et je cite en exemple le cas de cet ancien nazi d'origine hongroise, Károly Zentai, qui avait obtenu la nationalité australienne grâce au programme d'immigration d'après-guerre et qui a fait l'objet d'une demande d'extradition par la justice hongroise.

Elisabeth m'a écoutée. Son visage est grave. Elle a entendu parler de cette affaire, mais son instinct lui dicte de ne pas faire confiance à la justice (l'histoire lui donnera raison : quelques années plus tard, la demande d'extradition de Károly Zentai par la justice hongroise sera accordée par le tribunal d'instance de Perth, mais rejetée par la Haute Cour d'Australie saisie en appel par le vieil assassin). Par ailleurs elle m'apprend que la Special Investigations Unit a fermé il y a dix ans. Elisabeth me demande de la soutenir et voilà qu'au premier doute j'entreprends de la détourner de son but. Son unique petite-fille n'est pas avocate à ce qu'elle sache, mais scénariste, alors, que je cesse mes atermoiements, que j'oublie ces laborieux projets judiciaires, et que je l'assiste sans considération légaliste dans sa mission de supprimer un meurtrier qui a échappé à la justice des hommes et joui d'honneurs et d'égards indus. Ce sale type ne doit pas mourir paisiblement dans son lit, ce serait un ultime affront à tous ceux qui ont péri par sa faute. La justice australienne aurait dû se préoccuper de Carl Schubert depuis des années, elle ne l'a pas fait : là où la justice a failli, la vengeance prend ses droits.

Le téléphone sonne. Comme Elisabeth ne bouge pas, je décroche et reconnais la voix de Barbara qui, enthousiaste, demande comment se passe notre séjour. Je me surprends à lui mentir avec aplomb :

– À merveille. Eli est très en forme et nous nous amusons comme deux petites folles, hein, *grandma* ? On te rappelle, on s'est inscrites à une randonnée paraît-il spectaculaire et là, on doit y aller. On prendra des photos. On t'embrasse.

Elisabeth me sourit, satisfaite de ma fabulation, alors je reprends mes recherches et, détournant mécaniquement le regard du visage meurtrier, invoque des inspirations criminelles. Dans ma cinémathèque intérieure ne surgissent que visions horrifiques furtives, tête de cheval ensanglantée sur draps blancs, coups de hache dans une porte, décapitations, mares de sang, embrochements de bustes au bout de fourches, rats géants dévorateurs, viscères extraterrestres, *All work and no play makes Jack a dull boy* répété à l'infini sur une page blanche, mais je ne lui en parle pas, je suis hors sujet et ça n'est pas nouveau, je le suis depuis ma naissance, à côté, aux faubourgs du monde et de moi-même. Je relève la tête un instant et vois Elisabeth terminer de menotter le poignet droit de l'assassin au barreau du lit. Stupeur.

– D'où sors-tu ces menottes ?

– Morton les a récupérées il y a des années dans une poubelle. Cet homme est un authentique génie.

Dans la chambre 237, l'air est irrespirable. Je suggère à ma grand-mère de se reposer quelques heures dans la 235, je la relaierai, mais elle refuse de quitter la pièce. Elle finit par s'asseoir dans le fauteuil club face au lit et, comme j'ai ouvert la fenêtre un instant, je la couvre d'un épais duvet.

– Ferme les yeux, *grandma.* Juste quelques minutes.

Mais elle n'y parvient pas. Et, obsessionnelle, me demande :

– As-tu une idée ?

Pour être honnête, aucune. Certes, j'ai commencé à potasser sa documentation et, à la lumière de mes premières lectures, une question tourne en boucle, toujours la même, inquiétante, qui nous condamnerait aussitôt.

– Parle, *sweetheart.*

Et si Carl faisait partie de l'ASIO ? L'Australian Security Intelligence Organisation, l'équivalent de la CIA qui a, comme celle-ci après la guerre, recruté d'anciens hauts fonctionnaires nazis au nom de la surveillance d'activités communistes sur leur territoire. Qu'ils fussent allemands, croates, slovaques, lituaniens, ukrainiens, ces anciens criminels de guerre devenus agents de l'ASIO ont tous été protégés par les gouvernements australiens successifs. Je redoute que le vieux soit l'un d'entre eux, alors nous risquerions la mort de la main d'un agent en civil camouflé parmi le personnel de l'hôtel. Peut-être la réceptionniste, celle avec le petit foulard rouge et le fard à paupières bleu métal qui souriait avec malice à l'évocation de la porte communicante entre nos deux chambres. Qui sait si elle ne viendra pas nous assassiner l'une après l'autre, précisément en utilisant cette porte fantôme connue d'elle seule, accomplissant un meurtre parfait en chambre close et laissant derrière elle des preuves qui nous accableront mutuellement Elisabeth et moi ? J'imagine déjà les gros titres : « Une trentenaire au chômage empoisonne sa grand-mère qui la jugeait médiocre et s'intoxique à son tour accidentellement. »

– La paranoïa est une bonne chose en situation de conflit, *sweetheart*, cependant si Carl avait été agent de l'ASIO, il aurait su que je ne m'appelle plus Elisabeth Raczyńska depuis plus de quarante ans et que mon troisième mari est un pauvre Juif hongrois rescapé des camps. Il aurait eu trois coups d'avance et ne se serait en aucun cas laissé sédater.

Juste. Et puisque nous en sommes à évoquer les hypothétiques méthodes de la CIA, mais aussi parce que tuer un homme se révèle beaucoup plus ardu dans la chambre 237 d'un vieil hôtel perché dans la montagne australienne que dans *Shining*, une idée me vient : celle d'un traitement coercitif absolu appliqué aux détenus afin de les faire vaciller psychologiquement et de déclencher leurs aveux.

– Je n'ai pas besoin d'aveux, je sais à qui j'ai affaire.

D'autant que ma grand-mère sait que ce genre d'individus n'avoue jamais : les gestapistes du procès de Cologne, Heinrichsohn, Hagen et Lischka, se sont tus tout au long des audiences, n'ont jamais cessé de se considérer comme innocents, et ont poussé l'obscénité jusqu'à se plaindre de leurs conditions carcérales. Elisabeth n'a nullement l'intention d'extorquer des aveux au moyen d'un simulacre de procès – comme dans *La Jeune Fille et la Mort* –, ni de condamner le criminel à l'enfermement jusqu'à la fin de ses jours. Son idée est de l'éliminer sans laisser de traces. Au moyen d'une mort rapide qu'elle me demande de mettre en œuvre.

Un court instant, je visualise le corps du vieillard se dissoudre dans une bassine en plastique remplie d'acide mais balaie rapidement la vision : la méthode à laquelle je pense présenterait l'avantage de faire monter chez le détenu une puissante dose de stress qui mènerait dans son cas, et selon toute logique, à l'arrêt cardiaque. Renouant avec le projet initial d'Elisabeth.

– Je t'écoute.

Je sors alors la cagoule orange offerte lors du débarquement à Albury. Elisabeth prend une mine fatiguée.

– Concentre-toi, *sweetheart*.

Je précise : nous n'avons besoin de rien d'autre, juste de cette cagoule. Comme celle que les agents de la CIA ont fait porter à Saddam Hussein durant ses premières semaines d'interrogatoire, juste après sa capture dans la sinistre grotte ; il restait assis pendant huit heures, cagoule noire opaque sur la tête, sans un bruit autour de lui. Elisabeth ne paraît pas convaincue, mais voilà que le vieillard se réveille et qu'elle s'apprête à l'assommer une nouvelle fois, alors je retiens son bras : afin d'affecter son moral et de fatiguer son cœur, le détenu doit être plongé dans le noir et le silence complets tout en demeurant pleinement conscient. Elisabeth a un hochement de tête mitigé.

– C'est toi la scénariste après tout.

Je ne lui dis pas que la cagoule présente un autre avantage pour la pleutre que je suis : celui d'éviter de faire face au visage de l'ennemi.

*

Elisabeth s'est résolue à dormir dans ma chambre et, depuis plus de cinq heures, je garde seule le vieillard ficelé et menotté au lit, traits et regard effacés. Créature sans tête, il est régulièrement traversé de soubresauts qui semblent scander sa mue définitive vers le monstre qu'il n'a jamais cessé d'être. Respirer le même air que l'ennemi, est-ce déjà une « relation », une promiscuité, un échange malgré soi ? *Kill the Nazi, on va danser le nazi rock*, voilà à quoi je pense. Approchons-nous du mal. Touchons-le, frottons-nous à lui. Nazillon, nazi, nausée, fin de la conversation. Le fameux point Godwin. Contrainte d'aller fouiller dans les recoins obscurs, à creuser la jubilation de la vengeance, à goûter la jouissance de la haine, ne risqué-je pas de me perdre ? Après un tel voyage, pourrai-je jamais retrouver la paix ? Le criminel dort d'un sommeil profond et, à plusieurs reprises, je le crois mort. Afin d'en être certaine, je balance à puissant volume sur mon iPod *Nazi Rock* de Gainsbourg, *maquillez vos lèvres les gars, avec des rouges délicats*, mais il sursaute. Je regarde ce bloc informe et me demande combien sont morts par sa faute et entre ses mains ; feuilles et bourgeons accrochés aux branches brutalement sciées de milliers de milliers d'arbres généalogiques, noms ignorés, destins évanouis, terreur et humiliations, autant de voix par-delà le temps qui réclament de ne pas être réduites à une fin brutale mais à être racontées ; toutes ces absences chorégraphient leur éternité quelque part aux confins de l'univers et je grimperais bien à bord d'une capsule pour entendre leur récit.

Suivant les instructions d'Elisabeth, j'accompagne le détenu aux toilettes puis dans la cabine de douche ; je le déshabille et lui laisse slip, menottes, cagoule. À observer ce corps grabataire sous la douche brûlante, je suis un court instant prise de pitié puis rapidement de nausées ; inimaginable perversion du mensonge des douches, impossible mise à distance avec l'insupportable, l'envie de l'ébouillanter me saisit mais la température trop basse de l'eau m'en empêche. Après sa douche, alors que je le reconduis jusqu'au lit, il trébuche et je trébuche avec lui. Il profite de ma surprise pour ôter sa cagoule, me transperce de son regard méprisant, me donne un coup de pied dans les côtes, étonnamment violent après ces dernières vingt-quatre heures, repère la clé des menottes, s'en saisit, se libère les mains, ouvre la porte de la chambre et s'enfuit en claudiquant. Je cours à sa poursuite, le rattrape sans mal, saute des deux mains sur ses chevilles, il s'étale de tout son long et moi avec lui, prestement je me redresse et le traîne jusqu'à la porte que je referme avant qu'une femme de chambre engagée dans le couloir ait pu nous voir, tout au moins c'est ce que je crois. Et cette fois, tant pis pour les méthodes de la CIA, je l'assomme avec les œuvres complètes de D. H. Lawrence posées sur la table de chevet. Lorsque j'entends la femme de chambre frapper à la porte. Paniquée, je menotte et enfile sa cagoule au croulant, le traîne dans la salle de bain et l'enferme, puis, arborant un sourire que j'espère détendu, je vais ouvrir à la jeune Australienne qui vient changer les draps, *is everything OK, miss ?* Prétextant une douche, je m'éclipse. Et me voilà assise sur le carrelage froid, à compter les minutes face à l'encagoulé assommé, écoutant mes pensées s'entrechoquer sans que le bruit de l'eau, que j'ai pris soin de faire couler, les disperse. Est-ce la conséquence de cet odieux tête-à-tête qui n'en finit pas ? Je suis à mon tour traversée de remords : j'ai face à moi un vieillard impuni et coupable d'un crime imprescriptible et abject, mais qui suis-je pour le châtier ? Et s'il avait des choses à formuler, des aveux, des regrets ? Je m'interroge sur ce qui est à l'œuvre : Elisabeth me demande de l'aider à la débarrasser d'un vieux nazi, mais ce projet a-t-il la moindre chance d'aboutir ? Elle sait très bien que ces fantômes-là échappent à toute action irréversible : morts ou vifs, ils continuent de rôder et de hanter les crânes à la façon du Gengis Cohn inversé de Romain Gary ; dibbouks, ils adhèrent à nos cauchemars, les alimentent et laissent derrière eux la traînée sanglante de leurs impardonnables méfaits. Curieuse passation que me propose ma grand-mère : voici mon fantôme, sauras-tu m'en libérer et vivre le restant de tes jours avec le souvenir de ce crime ? Je serai sans doute définitivement perdue dans la forêt de glace avant d'avoir trouvé une réponse à cette question.

J'ôte sa cagoule au détenu toujours inconscient et détaille ses traits secs, sa bouche trop fine, sa mâchoire anguleuse, ses yeux enfoncés dans leurs orbites, son nez disgracieux, ses oreilles flasques, son crâne presque chauve. Masque flottant dans la vapeur brûlante, son faciès respire la haine obsédante ; son cerveau cadenassé n'a jamais oublié la cible qu'il s'est désignée *ad nauseam* jusqu'à son dernier souffle ; il ressemble à la mort qu'il a tant de fois infligée, brutale, arbitraire. Mais c'est aussi le visage d'un simple vieillard acariâtre. Ni Dark Vador ni Voldemort. Plus jeune, il devait ressembler à un père de famille, un médecin, un comptable. À un membre de la communauté humaine que pourtant il assassinait. Comme une créature de film d'horreur, il ouvre soudain les yeux, les plante droit sur moi. Je panique et lui enfonce plusieurs mouchoirs dans la bouche tandis que j'entends la femme de chambre me saluer à travers la porte, et partir. Je pile fébrilement quatre comprimés de somnifère dans un nouveau kleenex que je fourre dans le gosier de mon otage, avant de le bâillonner. Je coupe l'eau, place la cagoule sur son visage, le traîne hors de la salle de bain – il est de plus en plus lourd –, le ficelle au lit. Et déclare, résolue, même s'il est déjà assoupi :

– Plus de douche.

À la place, je songe à plonger toutes les heures ses menottes dans l'eau de la bouilloire électrique et à les lui réenfiler, brûlantes ; le rapport à l'extrême chaleur, au feu, aux flammes me semble aller de soi le concernant.

Je pourrais aussi l'étouffer avec un oreiller. Lui mettre la tête dans un seau, le scalper comme le fait le lieutenant Aldo Raine dans *Inglourious Basterds*, ou me procurer une batte de base-ball et l'assommer à mort à la façon de Donny Donowitz, « l'Ours Juif » de Tarantino. Mais cette violence de bande dessinée transposée sur un corps réel est insoutenable.

Dans une poche de son veston, je trouve la clé de sa chambre, la 204. Je ne peux m'empêcher de penser que 204 évoque le 20 avril, date anniversaire du Führer, est-ce un hasard ou une coquetterie de la part du vieux génocidaire ? Je l'enferme un instant dans la chambre et ouvre la porte de la 204. Là je trouve sans mal le coffre, en tape le code, 081241, à l'intérieur : une boîte verrouillée dont je me saisis.

De retour dans la 237, je dépose mon butin sur la commode de l'entrée, juste à côté de la clé laissée par Andrea : son panneton semble correspondre à la serrure de la boîte mais je n'ose l'ouvrir. De quoi ai-je peur au juste ? D'en voir surgir toutes sortes d'objets inquiétants ? Crânes, mâchoires, globes oculaires, génie maléfique qui aiderait le détenu à s'enfuir ? Je croise mon reflet déformé dans le miroir de sorcière placé au-dessus du petit meuble : comment en suis-je arrivée là ? J'aurais pu me préparer à une telle épreuve, questionner les concepts de justice, de pardon, d'impunité, m'imprégner de lois et de jurisprudences, au lieu de quoi je m'y suis attelée telle une cavalière novice chevauchant un impétueux cheval de rodéo, mais qu'allait-elle donc chercher en montant un tel crack ? entendrais-je près du brancard qui m'emporterait à la morgue après une chute fatale. Sans doute ne me suis-je pas sérieusement mise en condition car il n'avait jusqu'ici jamais été question de me prendre au sérieux, cependant, et pour la première fois, le sujet l'exige, sujet que je n'ai pas choisi, qui m'a été imposé pour un genre de récit qui n'est pas le mien. Je l'ai dit, ma zone de compétence, si tant est qu'une telle chose existe, pencherait plutôt vers la comédie. Or me voici contrainte, sinon de me prendre au sérieux, en tout cas de prendre mon sujet au sérieux.

Me détournant de la boîte-mystère, je plonge à nouveau dans le carton-bibliothèque d'Elisabeth et poursuis mes lectures. Après avoir découvert les scandaleux sanctuaires qu'ont offerts de grandes nations occidentales à d'anciens nazis notoires, je traque des exemples de vengeurs. Vengeurs juifs contre nazis. Je distingue l'esprit de vengeance de celui du combat à l'œuvre lors des soulèvements extraordinaires qui ont émaillé la guerre : les révoltes des ghettos de Varsovie, de Vilnius, ainsi que d'une cinquantaine de petites villes de Pologne ; celles des camps d'extermination de Sobibór, de Treblinka et d'Auschwitz où, en octobre 1944, des membres du Sonderkommando réalisèrent l'impossible en détruisant deux crématoires ; les innombrables opérations de sabotage de groupes de jeunes partisans juifs depuis les maquis et forêts de l'Est. Ces actions collectives inouïes de courage sont d'autant plus poignantes qu'elles extirpaient les Juifs du rang d'esclaves, où les maintenaient les nazis, et les faisaient renouer avec leur condition d'hommes libres livrant une bataille certes inégale mais dans laquelle ils paraissaient au-devant de l'ennemi en dignes combattants, armés et nuisibles autant que leurs moyens et leurs forces physiques le leur permettaient.

Je trace aussi une ligne claire entre vengeurs et justiciers, à l'image de Serge et Beate Klarsfeld ou de Simon Wiesenthal, figures héroïques qui ont consacré leur vie à traquer des génocidaires impunis puis à les présenter devant des juges. Je ne consigne ici que des cas de strictes vengeances, individuelles ou collectives. Le premier se nomme David Frankfurter, jeune Juif paisible né à Daruvar, petite ville alors sous la bannière de l'Empire austro-hongrois aujourd'hui située en Croatie, et qui, à l'âge de vingt-sept ans, assassina le 4 février 1936 celui qui devait être la tête de pont du NSDAP en Suisse, un certain Wilhelm Gustloff. Son acte, fruit d'une immense détermination dont Frankfurter lui-même fut le premier surpris, était totalement isolé : lui le garçon discret et poli, troisième fils sans histoires d'un rabbin respecté, sortit de lui-même et de son destin pour précisément l'accomplir. Acte isolé que cependant la propagande nazie interpréta comme une nouvelle preuve, s'il lui en fallait une, du fameux complot sioniste mondial prêt à détruire la civilisation aryenne. Jugé en Suisse, Frankfurter fut condamné à dix-huit ans d'emprisonnement et demanda en 1945 une grâce qui lui fut accordée.

Il faut attendre l'immédiat après-guerre pour distinguer de nouveaux actes de vengeance accomplis par des Juifs contre des nazis. En mai 1945, un petit groupe d'hommes issus de la Brigade juive combattante de l'armée britannique fut secrètement désigné par la Haganah – armée naissante du foyer juif en terre de Palestine, qui deviendrait en 1948 l'armée d'Israël – pour accomplir la mission suivante : punir les nazis dont les crimes s'étaient avant tout exercés contre les Juifs et qui, à ce titre, étaient susceptibles d'être relâchés par l'armée britannique ou américaine. Les semaines qui suivirent, dans le Tyrol italien et autrichien, des officiers SS, chefs de la Gestapo et hauts dignitaires nazis disparurent, des cadavres furent parfois retrouvés, parfois non, et le mystère demeura. Le secret de chacune des opérations du groupe était soigneusement gardé, et bientôt la Haganah désigna au sein de la Brigade juive un second commando qui procéda lui aussi à des actions punitives calibrées visant exclusivement les coupables et qui, hormis ses chefs, ignorait l'existence du premier. À l'automne 1945, une troisième unité rejoignit la Brigade juive, l'extraordinaire « bataillon allemand », né en Palestine pendant la guerre en réponse à l'avancée des troupes de Rommel alors victorieuses en Égypte, qui menaçaient dangereusement le foyer juif. Cette unité de combattants, idée d'un glorieux soldat de l'époque, Moshe Dayan, avait la particularité d'être composée de jeunes Juifs blonds aux yeux bleus parlant allemand sans accent, et avait pour mission de semer le désordre dans les rangs de la Wehrmacht en prenant l'apparence d'une de ses unités. Après des mois d'entraînement et de préparation, le bataillon était prêt et, selon toute vraisemblance, aucun de ses membres n'aurait commis la grossière erreur qui trahit l'espion anglais Archie Hicox dans *Inglourious Basterds*, lorsqu'il signifie le chiffre trois en brandissant index, majeur et annulaire au lieu des pouce, index et majeur. Mais Rommel battait en retraite au Moyen-Orient, et avec lui la menace d'une invasion de la Palestine par les forces de l'Axe, si bien que le « bataillon allemand » n'intervint pas. Il dut attendre l'après-guerre et rallier la Brigade juive aux côtés des deux autres commandos pour agir. Avec pour base la ville de Tarvisio en Italie du Nord, il opéra dans les Länder de Styrie et de Carinthie, au cœur des Alpes orientales autrichiennes, et accomplit à son tour des exécutions ciblées d'anciens commandants SS et chefs de la Gestapo.

À la lecture de ces actes de vengeance du peuple juif, un sentiment ambivalent me saisit : certes la découverte de ces faits vient nourrir une souffrance, un inconscient partagés ; certes à chaque bourreau désigné, à chaque criminel traqué et puni, une jubilation fugace m'étreint, évidente et inflexible ; cependant une fois passé la strangulation, la balle dans la tête, l'empoisonnement, la noyade, un goût amer demeure. *La vengeance,* dit Serge Klarsfeld, *est un acte décevant.*

Le karpatka

– On pourrait empoisonner son pain. Comme Abba Kovner et les Nokmim.

Elisabeth est de retour dans sa chambre pour me relayer et veiller sur notre prisonnier. Ces quelques heures de sommeil profond lui ont remis les idées en place : elle m'apparaît en forme, déterminée à aller au bout de notre histoire, et elle attend de nouvelles propositions. Alors, tandis que le vieillard gît, encagoulé et endormi, je lui parle de cet autre groupe mythique découvert au fil de mes lectures : celui des « Vengeurs », les Nokmim, qui eux aussi rejoignirent les commandos de la Brigade juive de l'armée britannique. Organisation composée d'une cinquantaine de jeunes partisans juifs, polonais pour la plupart et de vingt ans à peine, les Vengeurs avaient mené contre l'ennemi nazi des combats d'un courage hors norme et souhaitaient dès 1945 venger les six millions de Juifs assassinés. L'une des raisons de leur colère, parmi six millions d'autres, était que les Soviétiques, qui occupaient tout juste la Lituanie, passaient sous silence la centaine de milliers de victimes juives de la Shoah par balles, toutes exécutées dans la forêt de Ponary à une dizaine de kilomètres au sud-ouest de Vilnius, de juillet 1941 à août 1944. Et cette absence de mémoire était tout simplement insupportable à Abba Kovner, leur jeune chef qui avait vaillamment tenté d'organiser l'insurrection du ghetto de Vilnius et mené la résistance depuis la forêt de Rudnicki. Une autre raison nourrissait l'obsession vengeresse de Kovner et de ses camarades : la peur que la Catastrophe ne recommence. Les Nokmim soumirent à l'époque deux plans à la Haganah : le premier était de supprimer purement et simplement six millions d'Allemands en contaminant les réservoirs d'eau potable des villes de Munich, Nuremberg et Berlin, entre autres. Mais ce plan apocalyptique horrifia les représentants de la future armée d'Israël. Le second plan consistait à tuer un maximum d'anciens SS à la culpabilité avérée, détenus dans les camps ex-allemands passés entre-temps sous commandement américain, en empoisonnant leur nourriture. La gageure était de trouver une substance indétectable au goût et qui n'agisse pas trop vite afin de ne pas éveiller les soupçons des autres détenus. Une fois encore, la Haganah rechigna à aider Kovner. Cependant celui-ci trouva du soutien chez deux chimistes de l'Université hébraïque de Jérusalem, qui lui fournirent un puissant poison. Sur le bateau qui le ramenait en Europe, voyageant sous uniforme britannique et sous un faux nom qu'il oubliait lorsqu'on l'appelait, Kovner fut rapidement repéré par d'authentiques soldats de la Couronne, si bien qu'il jeta tout son poison par-dessus bord. Malgré cela, suspecté de ne pas être un vrai militaire, il passa plusieurs semaines en prison au Caire puis à Jérusalem. Restés en Europe et prêts à agir, les hommes de Kovner parvinrent à se procurer au marché noir du poison auprès d'un pharmacien lyonnais. Ayant infiltré une boulangerie près du camp de Nuremberg, ils réussirent à étaler, sur la première couche de farine, une seconde couche d'arsenic aussi blanche que la première. Le stratagème était au point. Mais le jour J, les Vengeurs manquèrent de se faire surprendre par l'armée américaine, si bien qu'au lieu des dix mille pains prévus, ils n'eurent le temps d'en traiter que deux mille ; et à défaut d'éliminer les huit mille SS détenus dans ce camp, pour la plupart d'anciens gardiens des camps de la mort et des tueurs ayant opéré au sein des Einsatzgruppen, ce ne furent que quelques centaines d'intoxications alimentaires qui furent à déplorer.

Je précise à Elisabeth qu'il s'agirait là d'un empoisonnement qui cette fois n'échouerait pas, mais je suis prise d'un doute : ne suis-je pas à nouveau hors sujet ? Depuis plusieurs dizaines d'heures, Elisabeth a renoncé à nourrir notre prisonnier, alors une telle entreprise n'éveillerait-elle pas sa méfiance ? Elisabeth me sourit de tout son visage rebondi, enfile un gros pull et des chaussures et, se dirigeant vers la porte :

– Au contraire, *sweetheart*, les grands esprits se rencontrent. Sache qu'Abba Kovner est un de mes poètes préférés.

Elle referme la porte d'un geste vif et j'entends son pas alerte arpenter le couloir jusqu'à l'ascenseur. Elisabeth n'ignore donc pas que Kovner, fort de son incroyable détermination à vingt ans à peine, fonda quelques années plus tard en Palestine une brigade de combattants d'élite, avant de devenir l'un des poètes majeurs d'Israël. Kovner poète et combattant. Son élan de vengeance me fascine tout autant que sa ferveur poétique. Des années après, il reconnaîtrait que son plan confinait à la folie. Lui et ses camarades en étaient d'ailleurs proches au sortir de la guerre : surgis de la forêt après des mois de combats, hagards, révoltés, pétris de douleur, ils n'étaient capables ni d'entamer leur deuil ni de renouer avec la vie. Et c'est dans cet impossible entre-deux, alors que Kovner avait conscience de se tenir parmi les vivants *telle une tête de mort faisant irruption dans un banquet*, que naquit son idée de vengeance abyssale. Installé plus tard dans un kibboutz du centre d'Israël, il y occupa les fonctions d'ouvrier agricole, de peintre, de jardinier, de professeur, de cuisinier et même de rabbin – un pari au sein de cette collectivité socialiste. Il y célébra des dizaines de mariages et, de chaque nouvelle famille sanctifiée, tira un lumineux sentiment de revanche sur l'œuvre de mort nazie. Il fut aussi muséographe et écrivain ; sa façon d'honorer l'histoire et la mémoire des disparus et de se débattre avec ses noirs souvenirs. Ses poèmes comme une tentative de brûler ses démons à la lumière du soleil ? Cependant nuit après nuit les créatures revenaient le visiter, le démembrer, le broyer et Abba hurlait, cauchemardait, traversait les enfers. La poésie le protégeait le jour, mais ses nuits étaient à jamais damnées.

Où est partie Elisabeth ? Mon récit l'aurait-il inspirée au point qu'elle serait allée se procurer du poison ? À moins qu'elle n'en ait ici même, dans cette chambre aux mille trésors d'où ont déjà surgi une corde d'alpiniste, une paire de menottes, et sans doute d'autres curiosités. Mais voilà que le détenu ligoté ronfle, me renvoyant désagréablement à son humanité, et je songe que cela fait plusieurs heures déjà qu'Elisabeth et moi avons cessé de le nommer : ni prisonnier ni otage, ni voix ni visage, tout entier contenu dans un « il » ectoplasmique qui fait de lui, par nos soins, un criminel sans nom. Dans un film de sorcellerie, pareille créature innommée disparaîtrait dans un souffle sous l'effet d'un sortilège et ne laisserait que cendres et poussière sous sa cagoule. Mais pas ici, pas maintenant. Tant pis.

Quelques minutes à peine sont passées et Elisabeth réapparaît : elle tient une assiette recouverte d'une fine feuille de papier sulfurisé qu'elle ôte précautionneusement, révélant dix ravissants petits gâteaux à la crème.

– La cheffe les a préparés spécialement pour moi. Je lui ai donné à notre arrivée la recette d'un fameux pâtissier de Varsovie. Veux-tu goûter ? Ce sont de véritables karpatkas.

– S'ils ne sont pas empoisonnés, volontiers.

Elisabeth sourit. Son objectif est plus direct : à défaut d'être empoisonné, le vieux salaud va mourir d'avoir trop mangé. Je raccroche les wagons.

– Cette crème trop riche, je m'en souviens maintenant, il a refusé d'y goûter hier matin.

Mourir d'avoir trop mangé. Et je repense à ces survivants morts à la Libération d'avoir mangé trop et trop vite après des mois de famine et de malnutrition. Je suis convaincue que si j'avais été survivante d'un camp, je serais morte comme eux. D'avoir avidement dévoré du corned-beef en conserve distribué par les soldats américains. Et tandis que je ne juge aucun de ces pauvres hommes, je me juge moi, ignorante de la faim véritable, car à la culpabilité de la dévoration s'ajoute la honte de l'avidité.

Sans sommation, Elisabeth branche la radio qu'elle met à plein volume. Par un hasard amusant, celle-ci diffuse *The Winner Takes It All* du groupe Abba. Le vieillard tressaille et se réveille en vociférant sous sa cagoule. Elisabeth lui adresse la parole pour la première fois depuis leurs prétendues fiançailles :

– Silence. Il est l'heure de manger.

Il se tait, surpris : il meurt de faim. Elisabeth lui ôte sa cagoule, prend une cuillère.

– J'ai choisi ce gâteau spécialement pour vous. La mousseline à la vanille est parfaite. Cette cheffe aborigène est décidément une perle. Il faut tout finir.

Le criminel ouvre des yeux horrifiés : il a évidemment compris la manœuvre. Il sait que la crème exclusivement composée de beurre et de sucre, à défaut de boucher ses artères et de déclencher sous peu un arrêt cardiaque, provoquerait chez le diabétique qu'il est un pic de glycémie sévère suivi d'un malaise qui, sans soins dispensés, pourrait lui être fatal. Il serre ses lèvres trop fines en un austère verrou. Elisabeth lui explique posément qu'il n'aura rien d'autre à manger. Elle se souvient que le goût du sucre lui manque depuis de nombreuses années, il le lui avait confié lors d'une de leurs promenades en amoureux, alors, qu'il regarde le bon côté des choses : à mourir pour mourir, lui est offerte la possibilité d'une fin douce. Il doit cependant reconnaître, et c'est là le moins bon côté de la chose, que ce plan a surgi du cerveau d'une femme juive et qu'il a été mis en œuvre par une Aborigène, la petite dame ronde qu'il a insultée en allemand l'autre jour, il s'en souvient ?

Le vieux redevenu haineux ne répond rien, et Elisabeth sourit : elle a tout son temps. Elle le regarde résister de longues minutes jusqu'à ce qu'il s'agite et éructe, affamé et épuisé. Il est à point. Alors elle plonge la cuillère dans la crème, l'approche de ses lèvres pincées – un court instant, on pourrait croire au tableau ordinaire d'une honorable dame nourrissant son époux sénile et acariâtre –, et voilà qu'il ingère une première bouchée. Qu'il recrache aussitôt sur Elisabeth. Imperturbable, elle essuie lentement les éclats de crème sur son visage et son chemisier vert pomme, se lève, fouille dans sa trousse de toilette, en extirpe son pince-nez de natation. Et l'applique au vieillard. À présent contraint d'ouvrir le bec, il se voit enfourner une nouvelle cuillerée de crème. Puis une autre. Et encore une autre. C'est une vraie scène chorégraphiée : Elisabeth lui ferme la bouche, libère ses narines, il se débat, elle lui maintient fermement la mâchoire, il éructe, s'agite encore, recrache tout. Nouvel échec.

On frappe.

– Service de coiffure !

Je m'attends à ce qu'Elisabeth renvoie l'intruse mais, légère, elle lance à travers la porte :

– Pourriez-vous repasser dans une dizaine de minutes ?

La voix guillerette acquiesce et je panique : une dizaine de minutes pour ranger l'épouvantable désordre de la chambre 237 et faire croire qu'un vieillard mal en point se porte comme un charme ? Tout ça pour un brushing ?

– Crois-le ou pas, *sweetheart*, l'élégance est notre meilleur alibi.

Ma grand-mère est décidément la seule et unique scénariste de cette histoire.

En quelques minutes, je cache frénétiquement cagoule, longe, vêtements sales, reliefs de repas et boîte-mystère du criminel dans les placards et sous le lit, tandis qu'Elisabeth lui administre un puissant somnifère, essuie sa bouche, retire ses menottes, le peigne et l'adosse aux oreillers qu'elle a prudemment retournés afin de dissimuler les taches de crème. Lorsque j'ouvre à la coiffeuse, il semble dormir paisiblement.

Alors que la femme dodue et charmante s'installe avec paire de ciseaux et petit tabouret pliant, Elisabeth lui demande de commencer par son « ami » : il en aura la surprise à son réveil. Je m'étonne de l'audace de ma grand-mère. *Is he all right? Does he need anything?* Elisabeth la rassure : il fait un petit somme, à son âge ses siestes imprévisibles sont de plus en plus fréquentes mais il va bien, très bien même. La coiffeuse passe rapidement sa paire de ciseaux sur la tête du vieillard qui, quasi chauve, se trouve encore plus déplumé. Puis elle s'installe à hauteur des beaux cheveux blancs d'Elisabeth et ne tarde pas à repérer avec gourmandise les petits gâteaux. Ma grand-mère lui en propose aussitôt. Et tandis que Jane la coiffeuse mord avec délice dans le dessert crémeux, Elisabeth se sent d'humeur à papoter.

– Connais-tu mon histoire avec le karpatka, *dear* ?

Bien sûr que je la connais, mais pas Jane qui lance, guillerette :

– *I'd love to hear it.*

L'histoire se passe à Varsovie, le 10 juillet 1943. Le traître se nomme Bogdan Glinski, retiens bien ce nom, il était le fiancé de Julia, une de mes sœurs. Julia était ravissante, brune, fine, de jolies jambes. Glinski était un Polonais catholique plutôt éduqué au physique moyen. Il y avait aussi Barbara Orwid, une star du Varsovie des années 1930, très belle femme et grande comédienne, j'avais vu tous ses films, j'allais beaucoup au cinéma avant la guerre. Barbara avait fait la connaissance de mon père – il se prénommait Leon mais tout le monde l'appelait Leib – lors d'un de ses séjours à Lvov, elle appréciait sa bijouterie-horlogerie qui faisait face à la cathédrale, et comme mon père était un homme doux et gentil, Barbara et lui étaient devenus amis. Elle était entrée dans la résistance polonaise à la première heure et, au lendemain de l'opération Barbarossa, *en juin 1941, quand les Allemands envahirent l'Ukraine jusqu'alors sous occupation soviétique et que les persécutions des Juifs débutèrent à Lvov, Barbara promit de nous aider. Nous avions tous de vrais faux papiers grâce au prélat de la cathédrale qui lui aussi s'était lié d'amitié avec mon père, si bien que sous nos fausses identités, nous arrivâmes mon frère Baruch, sa femme Ava, ma sœur Julia et moi à Varsovie en mars 1943 et nous installâmes dans l'appartement que Barbara nous avait trouvé ; la propriétaire nous extorquait un loyer exorbitant, mais qu'y pouvions-nous ? Nous payions sans broncher, pas question de nous faire remarquer, et bientôt Barbara m'aida à décrocher un poste de standardiste dans une usine qui réparait les camions de retour du front russe. Dans cette usine, quelques Juifs travaillaient en raison de leur extrême qualification, très peu payés tu imagines, avec leur cantine séparée. Parfois, je recevais des appels de familles du ghetto qui voulaient faire passer un message à un de leurs proches, alors je les aidais comme je pouvais, donnant un manteau ou une paire de chaussures, délivrant une adresse, et à l'autre bout du fil, ces pauvres gens me demandaient : « Comment pouvons-nous vous remercier ? Nous ne savons même pas qui vous êtes », alors je leur répondais : « Vous me remercierez après la guerre, si nous en sortons vivants »... Ne coupe pas trop court, dear, que ça reste un peu féminin. Ce jour-là, Glinski m'appelle au standard de l'usine, il me dit qu'il m'invite le soir même à l'opéra, je ne me souviens plus de quel opéra il s'agissait, un italien,* Tosca *peut-être, il m'invite avec Julia bien sûr, ma sœur et moi devons être ponctuelles, arriver à six heures précises à notre appartement, puis nous partirons tous les trois, je me dis pourquoi pas, même si j'essaie d'éviter les occasions où tu peux te faire draguer par des Aryens et après, débrouille-toi avec ça... Dis-moi, tu vas épaissir quand même un peu sur les côtés ? Nous étions jeudi, jour de paie, ce jour-là j'avais pris l'habitude de m'acheter une part de gâteau dans la pâtisserie face à notre immeuble, j'ai toujours été gourmande tu sais, c'était une belle pâtisserie avec des gâteaux à la crème en exposition, du genre de celui-ci, très mauvais pour ton cholestérol mais à l'époque qui se souciait du cholestérol ? Hitler était le cancer, le diabète et le cholestérol réunis. Moi j'aimais bien manger mon gâteau près de la vitrine : accoudée à une haute tablette, je regardais passer les gens, des femmes bien habillées sortaient de la boutique de chapeaux qui faisait l'angle, et parfois aussi j'observais l'entrée de mon immeuble. Imagine-toi, ma chérie, il est cinq heures et demie passées, c'est le début de l'été – tu sais la Pologne a un climat continental, l'été y est très chaud –, les promeneurs sont de sortie, les corps se découvrent, les femmes portent des robes légères, je porte moi-même une petite robe de coton assez fruste, je n'ai pas beaucoup de moyens, j'ai laissé toutes mes affaires à Lvov en partant, j'ai une paire de sandales rudimentaires aux pieds et ma paie en poche, pas grand-chose mais suffisamment pour manger pendant un mois, et me voilà qui regarde passer les élégantes tout en mordant dans un délicieux karpatka – tu sais pourquoi on l'appelle comme cela, n'est-ce pas ? parce que ses onctueuses aspérités de crème rappellent les reliefs des Carpates –, sa crème légère fond en bouche, c'est un de mes rares moments de plaisir. À peine ai-je avalé une première bouchée que je vois s'arrêter devant mon immeuble un camion allemand avec à son bord une dizaine de soldats SS lourdement armés ; nous habitons au deuxième étage et je sais qu'au premier résident des Polonais travaillant pour la Gestapo, alors je pense que sans doute un traître vient d'être découvert, quelqu'un d'important, une pointure qui va bientôt être arrêtée vu le déploiement de moyens. Les minutes passent, je mange mon karpatka, le camion attend, personne ne sort de l'immeuble ; à six heures moins le quart il est toujours là alors je me dis tant pis pour l'opéra, je ne veux pas risquer de passer devant ce camion truffé de SS pour un rendez-vous mondain. Je commande un deuxième gâteau je mords dedans la crème déborde de chacune de mes bouchées j'en ai sur ma lèvre supérieure ça me dessine une petite moustache blanche et sucrée –*

Et tandis qu'Elisabeth avale avec une certaine anxiété le butin de sa semaine, de l'autre côté de la placette, le camion rempli de SS attend toujours. L'inquiétude monte, Elisabeth part s'asseoir au fond de la pâtisserie, à l'abri des regards des soldats. Il est six heures lorsqu'elle voit sortir de l'immeuble sa sœur Julia escortée jusqu'au camion par quatre militaires. Bientôt suivie par son frère Baruch et son épouse Ava, eux aussi encadrés sans ménagement. Tétanisée,

Elisabeth engloutit en une bouchée ce qu'il reste de gâteau. Et tandis que sucre et beurre s'écoulent dans son œsophage, sa ligne de temps se fige dans ce deuxième karpatka qu'elle a commencé benjamine d'une famille nombreuse, et qu'elle termine orpheline et fugitive en sursis.

Troisième chimère. À cet instant précis Elisabeth est loin de soupçonner que ce deuxième gâteau à la crème vient inscrire dans son cerveau et dans son ventre une empreinte vertigineuse et paradoxale où sucre, beurre, survie et injustice s'entremêlent ; il vient creuser cuillère après cuillère, à l'intérieur de chacune de ses cellules, une blessure sans fond qui contient en puissance, des décennies plus tard et sur d'autres continents, la schizophrénie de sa fille cadette et la boulimie de sa petite-fille unique. Ce moment-là façonne en un point précis de ses entrailles une combinaison adhérente de crème à la vanille, de terreur et de culpabilité, pose la première pierre du mur d'illégitimité qui enceint la filiation de femmes après elle ; dès lors la malédiction opère, déroulant son implacable programme : chaque bouchée grasse et sucrée avalée par Elisabeth, puis par les femmes qui lui succéderont, rouvrira la plaie, la nourrira, la multipliera, la transmettra. Des épisodes de joie et l'inclination naturelle à l'enthousiasme empêcheront de sombrer mais le plaisir du sucre et de l'enfance en sera à jamais terni ; et ce, sur plusieurs générations.

L'arme du crime

La coiffeuse est partie depuis une vingtaine de minutes, après avoir mangé trois petits gâteaux, et je me dis qu'Elisabeth va reprendre là où elle s'était interrompue, mais elle renonce. Je m'indigne qu'elle n'insiste pas puis me ravise : à quoi bon faire ingurgiter ce poison-souvenir au criminel qui risquerait de l'apprécier ? Elisabeth le toise, prend le temps d'observer son visage, défait mentalement ses traits un par un, les désimbrique, les casse, les brouille, les tord comme autant de petits bâtons d'encre noire, elle s'apprête à lui réenfiler sa cagoule, ce qui le réveille aussitôt. Le vieillard tente alors de négocier.

– Attendez, attendez. Je pourrais vous rendre riche.

Elisabeth s'amuse de son caractère prévisible.

– Naturellement, en tant que Juive, je ne peux que céder à l'appât du gain.

– Ma proposition est sérieuse.

J'écoute la conversation d'une oreille, occupée à déposer

sur le rebord de la fenêtre un bol de lait que j'ai rapporté de ma chambre : pour quelles raisons obscures m'obstiné-je à attirer les énormes chats environnants ? La probabilité qu'un de ces félins se transforme en James Bond et élimine le meurtrier à notre place est nulle, négative même, alors quoi ? Est-ce pour conjurer le sentiment d'angoisse et d'isolement qui m'étreint chaque fois que j'entre dans la 237 ? Sans doute. Les chats obèses du bush ont beau être disgracieux, leur présence grasse et nonchalante adoucit malgré tout la scène. Et leurs gueules éminemment expressives me donnent envie de les gratifier du mot *visage*. J'ai pris soin d'ouvrir grand la fenêtre : l'air froid pourrait encore affaiblir le détenu peu couvert. Je m'assieds près d'Elisabeth et j'entends l'assassin répéter :

– Je pourrais vous rendre riche.

Alors sans la consulter, je lance :

– On vous écoute.

Il existe au fond d'un lac des Alpes autrichiennes un trésor enfoui connu de lui seul ; des bijoux par centaines, piégés depuis mai 1945 dans une caisse étanche ; si Elisabeth lui laisse la vie sauve, il l'emmènera, lui donnera son trésor.

– Altaussee ou Toplitz ? rétorque aussitôt ma grand-mère.

Le vieillard est déstabilisé, elle poursuit.

– S'il s'agit du lac Toplitz, les fausses livres sterling planquées dans des caissons étanches ont été récupérées il y a plus de quarante ans et n'ont jamais rien valu. Quant au lac d'Altaussee, c'est une légende, son fond vaseux ne recèle aucun trésor. Par ailleurs, vous pensez sérieusement que j'accepterais des bijoux et des dents en or pillés sur des femmes qu'on a assassinées ?

Et Elisabeth lui noue un foulard autour de la bouche.

Je suis impressionnée. Elle connaît l'histoire de ces centaines de millions de fausses livres sterling frappées par des faux-monnayeurs sur l'ordre des SS dans le camp de Sachsenhausen. L'idée des nazis était alors de perturber l'économie britannique en l'inondant de faux billets qu'un escadron Messerschmitt aurait déversés depuis le ciel de Londres. Bien que remarquablement copiés, ils ne furent jamais distribués mais enfermés dans des caisses jetées au fond du lac Toplitz. Quant au lac d'Altaussee en Styrie, région autrichienne frontalière de la Slovénie, plusieurs caisses contenant des lingots d'or et de l'or « dentaire » y auraient été jetées juste avant la débâcle nazie ; cependant et malgré de nombreuses fouilles, nul « trésor » n'a jamais été repêché, sinon le sceau d'un sinistre SS. Ma grand-mère sait tout ça, le détenu ne devrait pas mépriser ainsi sa tortionnaire, pourraient lui venir des idées de meurtre plus violentes.

Alors qu'Elisabeth lui réenfile sa cagoule, il tourne de l'œil. Elle me jette un regard interdit, pose sa main sur son cou, cherche son pouls, s'inquiète, presque déçue : alors ça y est ? C'est terminé ? Mais on frappe à la porte, elle panique, moi aussi, et tandis qu'elle ôte ses menottes au vieillard criminel, je saisis l'un des chats pour me donner une contenance, ou peut-être m'imprégner de son calme que j'espère contagieux, et vais ouvrir. Face à moi, le chef réceptionniste s'enquiert de notre confort, son sourire obséquieux tranche avec la suspicion dans son regard et je le rassure : tout va bien. Comme il tente de passer une tête dans la chambre, je rabats un peu la porte et perçois sa mine préoccupée : une des femmes de chambre a surpris mon grand-père en train de courir nu dans le couloir avant de chuter, suis-je certaine de ne pas avoir besoin d'un médecin ? Je puis lui assurer que mon grand-père se porte comme un charme. Le concierge poursuit : la coiffeuse a dit qu'il somnolait mais peut-être s'agit-il de fréquentes pertes de connaissance, auquel cas il devrait passer des examens. Je lui rétorque que la coiffeuse n'est pas médecin contrairement à moi, et qu'en aucun cas je ne ferais prendre le moindre risque à mon cher papy. Bien. L'employé me lance un dernier regard sondeur avant de s'éclipser.

Adossée à la porte refermée, je reprends ma respiration. Et rejoins Elisabeth qui observe le tissu de la cagoule pulser au gré du souffle criminel, étrangement soulagée que le vieillard soit simplement tombé dans les pommes. Je lui suggère d'aller se reposer dans ma chambre, l'homme est ficelé au lit, si par hasard il rouvrait les yeux, il n'irait pas loin. Quant à moi, je m'en vais nous débarrasser de l'arme du crime. J'enfile mes runners, sors prestement de l'hôtel avec le plateau de pâtisseries restantes, souris à l'agente de l'ASIO au petit foulard rouge et fard à paupières bleu, aperçois de loin le pisteur artificier qui boit un verre sur la terrasse face aux sommets, et m'engouffre dans la nuit épaisse du bush. J'ai mis mes chaussures de course pour fuir au cas où, car au moindre bruissement, je crains de voir surgir un animal fantastique, chat gigantesque, kangourou aux dents immenses, monstre cracheur de feu qui me dévorerait moi et les pâtisseries avant de piétiner mon squelette de ses sabots piquants. Mount Buffalo a la puissance évocatrice d'un western avec cow-boys, chevaux, harmonica et coups de feu dans la poussière. Mais c'est juste une terre lointaine, une montagne reculée, une histoire refoulée aux confins d'un continent étrange et étranger. Ce pays *down under* est une terre de fables où des géants armés de haches courent à faire trembler le sol, non pas après quelque proie mais fuyant eux-mêmes, terrifiés, la créature secrète de la forêt. L'animal-chimère, la présence fugitive croisée quelques heures plus tôt. Moitié bête moitié légende, effrayante et favorable, fuyante et soudaine, elle provoque catastrophes et miracles, condamne et sauve, meurt et renaît, d'âge en âge, de forêt en forêt, et protège ses chimères spéculaires, celles qui naissent au cœur des ventres des femmes.

Je fends l'air glacé, portant sur leur plateau, comme autant de bougies sur un curieux autel, les gâteaux à la crème. Je connais bien ces gâteaux. Plus jeune, j'en ai dévoré beaucoup, souvent, sans plaisir. Les armes que je retournais alors contre moi étaient douces, enfantines, invisibles ; aussi secrètes que mon mal-être peu glorieux devait l'être, puisque je n'avais aucune raison d'être malheureuse : je n'avais pas été abandonnée. J'avais au contraire éprouvé un trop-plein de mère qui, au jeu de la survie d'Elisabeth – et cela ajoutait à ma honte –, s'avérait être un handicap. Ma si jolie maman, aimante et flamboyante, avait été la première de mes passions, *tu es à moi comme la sardine est à l'huile*, me répétait-elle en plaisantant, et c'était vrai, je barbotais dans l'eau de son bain, trempais dans ses mots, ses rêves et dépressions, il ne m'était pas envisageable – pas possible ? – de me détacher d'elle au risque de l'abandonner à sa solitude, et, le cas échéant, d'être pour l'éternité mangée par les flammes de la culpabilité.

Sur ma ligne de temps, les souvenirs se tenaient, opaques et silencieux ; immenses boîtes noires, mémoires recluses de ma mère et de sa mère, et de la mère de sa mère, et de la mère de la mère de sa mère, et de toutes les mères jusqu'à l'origine. Aussi, pour ne plus voir ces ombres obscurcir mes heures, pour ne plus entendre leurs cris mutiques, leurs coups frappés aux parois verrouillées, pour ne plus avoir mal, je mangeais ; j'engouffrais et je m'engloutissais ; en moi se créait un espace-temps suspendu, sans lien extérieur, sans personne à blesser hormis moi-même, et qui gravitait, sphérique, et dérivait à l'infini ; temps rond temps lisse temps derviche temps rebond ni début ni fin ni faim ni satiété ni creux ni plein ni dedans ni dehors ni contours ni épaisseur seule une vaste béance vorace inassouvissable engloutissement dévoration engouffrement perpétuel nourriture grasse tiède sans saveur ni relief lait sucré bouillie *baby food* régression frontières du temps repoussées en lisière d'autres corps en bordure d'autres vies œsophage en activité continue réservoir à cavité percée gouffre de noirceur absence de corps de forme invertébré dévertébré sans mémoire ni souvenirs sans âme ni souffle masse inerte blessure rouverte terreur disparition monstruosité chairs flasques biscuits chocolatés rochers pralinés glaces en bâtonnet bananes yaourts caramels croissants beignets sandwiches beurre mayonnaise tonnes de sucre de gras avalées englouties enfilées sans rien sentir existence fragile interdite empêchée pour seul horizon nourritures terrestres enfer éternel pourtant il faudrait s'arrêter juste une fois et reprendre son souffle, ponctuer le temps de son rythme cardiaque, ressentir la faim sans crainte de disparaître, ouvrir la bouche, goûter l'acidité, l'amertume, le piquant, mâcher sans hâte, inscrire l'indistinct dans l'espace construit, articuler ses voix, ses blessures, ses désirs, projeter hors de soi un cri longtemps retenu dont les ondes charpentent les squelettes, précipitent les chairs, tissent les peaux, revertèbrent les corps.

Se re-vertébrer pour entrer dans le temps et vivre et se souvenir. Telle une créature-chimère. *Re-member.*

Dans les buissons, des branches craquent, des sabots frappent la terre, une paire d'yeux me scrute, haute et brillante dans la nuit, je sens sa chaleur, reconnais sa souplesse mais elle échappe à nouveau à mes regards; j'interromps mes pas, hypnotisée, debout au milieu du silence : au creux d'une clairière, éclairant les empreintes de l'animal-chimère, ondule une lune d'argent, petit lac détouré, mer minuscule non répertoriée sur les cartes, fruit de mon imagination et de la fonte des cimes enneigées, qui réverbère le ciel, vibre à la nuit et frissonne au vent de la montagne. Cœur battant, je m'accroupis sur la rive et commence à jeter un par un les petits karpatkas : à la surface de l'eau les quatre gâteaux tanguent, fondent et répandent, par cercles concentriques, leur empreinte grasse et luisante, créent mille brèches et micro-galaxies dans lesquelles je pourrais plonger, puis disparaissent dans les profondeurs. Et bientôt de minuscules billettes noires de vanille se détachent de la trace irisée de crème, voguent comme autant de gouttelettes d'encre et rejoignent à leur tour le fond vaseux. Je nomme intérieurement ce lieu « petit lac des Carpates », morceau d'Europe déchirée sur ce coin de terre lointaine. Il m'a semblé sentir sur moi le regard de la chimère, je tourne la tête, la cherche ; elle s'est enfuie sans un bruit.

De retour chambre 237 pour vérifier l'état du presque cadavre, je reste tétanisée au seuil de la porte : assise dans son lit, bâillonnée, yeux grands ouverts, ma grand-mère se tient face au vieillard debout, Luger en main pointé sur elle.

Manger sa tête

J'avance dans la chambre, mains levées, supplie le criminel de baisser son arme mais il l'enfonce dans la tempe d'Elisabeth. Il m'ordonne de m'asseoir près d'elle et d'enlever mon pull, je m'exécute et note qu'il porte celui de ma grand-mère qui grelotte devant les fenêtres ouvertes. Il lui tend une corde afin qu'elle me ligote les mains, ce qu'elle parvient à faire bien que les siennes soient fermement liées. Ce faisant, elle murmure qu'elle a été idiote. Et je comprends à demi-mot que, tandis que j'étais occupée à faire disparaître les karpatkas, Elisabeth, inquiète pour le vieil évanoui, lui a ôté sa cagoule afin qu'il respire mieux puis, curieuse, a sorti la boîte-mystère de sous le lit et l'a ouverte. À l'intérieur, le Luger. Prise de panique à la vision de l'arme, elle a précipitamment refermé la boîte et l'a à nouveau cachée, sans s'apercevoir que l'assassin reprenait conscience. Il avait tout vu. Lorsqu'elle s'est approchée pour lui passer sa cagoule, il lui a asséné un violent coup de tête. Étonnamment alerte, il a pris la clé des menottes dans la poche d'Elisabeth, délivré ses mains, fait sauter la longe qui le ficelait au lit et récupéré son arme. L'assassin n'a pris aucun de ses médicaments depuis deux jours, enduré coups et somnifères, il n'apparaît pourtant pas le moins du monde affaibli. Il enfile mon pull par-dessus celui d'Elisabeth, s'assied dans le fauteuil club face au lit et, excédé par nos messes basses, vérifie son chargeur en nous toisant d'un œil mauvais.

Je suis effondrée, coupable d'incompétence. J'aurais dû ouvrir cette boîte quelques heures plus tôt, j'aurais pu cacher l'arme, la mettre en lieu sûr ; au lieu de quoi j'ai, une fois encore, manqué de courage et laissé ma grand-mère seule avec sa curiosité. Par ma faute, nous voilà piégées dans cette chambre, promises à une mort pathétique et certaine. Comme une fenêtre claque, le meurtrier se lève pour bloquer un des battants, alors ma grand-mère en profite pour me murmurer encore :

– Comment comptes-tu nous sortir de là ?

Je n'en sais rien, mais sa question me touche : ainsi me maintient-elle dans l'histoire, malgré tout.

Si je n'étais pétrifiée par la peur, je parviendrais à fouiller dans mes souvenirs cinéphiles en quête de réactions qu'ont eues héros et héroïnes pour se tirer de pareille situation : je trouverais ruse, force, négociation, piège de l'ennemi dans les filets de son orgueil, magie, mais rarement voire jamais la chance. Sans doute parce que celle-ci, souvent incarnée dans le si critiqué *deus ex machina*, est assimilée à une erreur de scénariste et passe rarement la barrière des projets financés. Il est vrai qu'en matière de fiction, si l'on accepte volontiers le hasard malheureux qui fait chuter un héros débonnaire et sifflotant dans un gouffre aux parois glissantes au fond duquel l'attendent mille crocodiles gueules ouvertes, on ne pardonne pas le hasard heureux qui lui envoie la corde miraculeuse grâce à laquelle il remontera à la surface ; cette corde, il doit la gagner, la fabriquer, la mériter ; si elle lui est lancée par un tiers, alors celui-ci est un allié que le malheureux aura préalablement aidé au péril de sa vie et dans le plus grand secret – et son exploit révélé au moment de sa chute dans le maudit précipice aura entraîné un insoutenable compte à rebours jusqu'au sauvetage final providentiel ; ou bien alors le tiers est un ennemi auquel le pauvre bougre devra dorénavant promettre obéissance éternelle, contraint, pour échapper aux mâchoires des reptiles, à un odieux pacte avec le diable. Dépourvue que je suis de l'ingéniosité, du courage ou de la persévérance d'une héroïne, je pencherais pour un sérieux coup de chance ; je veux parler d'un coup de chance à l'image de l'électricité qui revient après une longue coupure et fait rugir le poste de radio dans l'hacienda de Paulina Escobar, l'héroïne de *La Jeune Fille et la Mort*, surprenant le Dr Miranda qui la tenait en joue ; alors le mari de Paulina en profite pour faire lâcher son arme au docteur. Ce *deus* fonctionne à merveille, car si le Dr Miranda avait tué Paulina, le film, en plus d'être beaucoup trop court, aurait frustré le désir de justice du spectateur en laissant le méchant gagner, et c'eût été insupportable.

Tétanisée, je prie pour un sérieux coup de chance mais déjà le salaud vient se rasseoir sur le fauteuil club et nous braque. Sans doute a-t-il rêvé d'un moment comme celui-ci depuis plus d'un demi-siècle. Je suis surprise qu'il n'en jouisse pas plus en nous couvrant d'insultes ou de ricanements vengeurs comme le ferait son avatar dans certains films de genre. Il demeure étrangement muet : aurait-il perdu la faculté de parler lors de sa mue ponctuée de soubresauts et de douches brûlantes ?

Sur le rebord de la fenêtre ouverte, un énorme chat surgit et commence à boire la gamelle de lait que j'ai déposée quelques heures plus tôt ; il est bientôt rejoint par deux de ses comparses aussi surpris que lui qu'on les nourrisse, puis rallié par deux autres encore ; bientôt, les cinq félins goulus ont vidé le bol et, repus, sautent du rebord et se faufilent jusqu'à nous. Deux d'entre eux s'allongent sur mes mains menottées, trois s'installent sur les genoux et poignets liés d'Elisabeth et leur calme tranche avec la tension ambiante : ils observent avec flegme le Luger et notre braqueur. Celui-ci ne les chasse ni ne les brusque mais tend la main pour caresser leur flamboyant pelage. Aussitôt, l'un des harets se hérisse et, en une fraction de seconde, ses quatre volumineux compagnons et lui assaillent le vieillard, grimpent sur son crâne, s'agrippent à la peau de son visage, griffent son cou, ses épaules, ses bras ; et tandis que les fauves lacèrent ses joues, Elisabeth et moi saisissons une paire de ciseaux, défaisons nos liens, tentons de lui arracher le Luger des mains. Le criminel résiste, se débat, l'arme tombe au sol, un coup part. La balle effleure le bras du vieillard qui hurle à la mort et, une poignée de secondes plus tard, des coups insistants sont frappés à la porte de la chambre 237.

Se recoiffant d'un geste sûr et arborant son plus aimable sourire, Elisabeth entrouvre au chef réceptionniste accompagné cette fois de l'agente de l'ASIO, alias l'hôtesse d'accueil à l'air inquiet. Elle explique le plus posément possible à *John* et *Amy* qu'elle a voulu faire fuir à l'aide d'une vieille arme de chasse les chats sauvages qui envahissent sa chambre, et à présent ils sont partis et elle n'en a blessé aucun, tout est rentré dans l'ordre. Elle précise encore, décidément surprenante, qu'étant mortellement allergique aux poils de chat, là telle qu'Amy et John la voient, elle vient d'échapper de justesse à une crise d'asthme fatale. L'hôtesse opine, déconcertée, le concierge n'a pas non plus l'air convaincu. De mon côté, à l'abri des regards, je termine de bâillonner le vieillard, lui lie sommairement les poignets, le ficelle au lit non sans avoir récupéré nos pulls, puis le braque avec son propre Luger. Pour la première fois de mon existence, je tiens quelqu'un en joue. Pourrais-je y prendre goût ? John voudrait jeter un œil à la chambre mais Elisabeth referme encore un peu la porte sur lui en s'excusant, impossible, pas maintenant, elle n'est pas décente. L'employé n'insiste pas et lui et Amy prennent congé. Ils rapporteront sans doute à leurs collègues que la 237 abrite une personne âgée aux pratiques excentriques, mais après tout, au pays *down under*, loin du conservatisme vieille Europe, les repères de bienséance ont eu le temps, durant les interminables traversées des premiers migrants britanniques, de se dissoudre dans les fonds marins indiens et pacifiques. En outre, Amy informera par message codé ses supérieurs qu'il est temps de donner l'assaut à cette vieille bique et sa bécasse de petite-fille avant qu'elles ne commettent l'irréparable – c'est en tout cas ce qu'une véritable agente de l'ASIO ferait dans un thriller. Les deux intrus partis, Elisabeth sort sa trousse à pharmacie, ouvre le minibar, dégoupille une mignonnette de whisky qu'elle fait boire au criminel tandis qu'elle nettoie la plaie superficielle sur son bras, ainsi que ses multiples griffures au visage. Il ne crie pas, redevenu cette étrange créature traversée d'intermittents soubresauts. Je baigne dans un mélange de soulagement et de stupéfaction : mon goût pour les chats ne serait donc pas aussi inepte ? À moins que ce scénario ne vire au fantastique. Elisabeth a sans doute entendu mes pensées, car elle me glisse :

– Qui sait si l'un de ces chats n'est pas ton prince ensorcelé ?

Je scrute l'intérieur de la boîte, à moitié vide sans l'arme, y trouve des munitions, ainsi qu'une petite fiole. Elisabeth me rappelle que nous visons le crime parfait, notre objectif est de provoquer une mort qui ne nous accuserait en rien, elle met donc les munitions de côté et s'intéresse au flacon : est-ce du poison ? Un sérum de vérité ? À moins qu'il ne contienne, liquides, les âmes des disparus morts entre les mains du vieillard, prisonnières pour l'éternité, à l'étroit dans cette minuscule bouteille. D'un geste sûr, Elisabeth en dévisse le bouchon, approche, tel un nez parfumeur, ses narines du goulot. Et tourne aussitôt de l'œil. Paniquée, je comprends qu'elle vient de respirer des vapeurs de chloroforme alors, sous le regard méprisant de notre détenu, je tente de la ranimer en appliquant un linge humide sur son visage et la supplie de rouvrir les yeux : elle ne peut pas partir, elle n'a pas le droit de me laisser seule avec ses tristes souvenirs, j'ai besoin d'elle, de son regard et de ses mots posés sur le monde, et puis elle doit se réveiller car le contraire serait tout simplement insupportable, comme la fin trop précoce de *La Jeune Fille et la Mort* ; l'ennemi ne saurait être victorieux par un hasard imbécile.

Face au visage étonnamment paisible d'Elisabeth, je balbutie des prières et fais la promesse à je ne sais quelle puissance supérieure – dont l'hypothétique existence s'affermit toujours à mes yeux en période de désarroi – d'accéder à toutes ses requêtes. Elisabeth rouvre enfin les yeux et, au comble du soulagement, je l'embrasse : comment se sent-elle ? De quoi a-t-elle besoin ? Qu'elle parle et je m'exécute. Elle sourit faiblement, prend le flacon qu'elle colle sous le nez du vieillard (et je me sens stupide de ne pas y avoir pensé), mais cela ne produit aucun effet. Puis, soudain lasse, elle s'assied. La voir perdre son enthousiasme me met au désespoir, alors j'annonce avoir de nouvelles propositions à lui soumettre – en vérité je n'en ai aucune – et me lance dans un état des lieux à bâtons rompus : il faut nous rendre à l'évidence, elle et moi sommes incapables de tuer, même un génocidaire impuni ; notre désir secret est de le voir mourir magiquement, sans que nous ayons à exercer aucune violence ; nous rêvons qu'il expire d'un coup, comme un orage subit éclate après des danses de la pluie exaltées ; nous prions qu'il génère, dans un furtif éclair de lucidité où lui sera apparue la pleine laideur de son âme, une douleur auto-immune fatale ; nous invoquons une nécessité mystique et irrévocable qui assécherait son souffle ; nous aspirons à une idée de même nature que celle que suggéra Billy Wilder lorsqu'il fut missionné après la guerre par l'armée américaine pour dénazifier le monde du cinéma berlinois : au célèbre comédien nazi Werner Krauss, Wilder permit d'interpréter le rôle du Christ dans un futur long métrage, à la condition, précisa le réalisateur, que lors de la scène de crucifixion soient utilisés de vrais clous ; Elisabeth et moi souhaitons que le criminel ait à sa disposition une dizaine de clous longs et pointus qu'il s'enfoncerait dans le corps sans que nous ayons même à le regarder faire. Malheureusement, compter sur une manifestation extérieure reste illusoire. Alors, puisque toute action violente de notre part est dorénavant écartée, et à défaut d'éliminer physiquement le criminel, il serait sage d'envisager de le supprimer psychiquement. C'est-à-dire de le faire changer de condition, et pourquoi pas de nature. Dans un film de Tarantino, à la vision de la paire de menottes qui gît sur la table basse de la chambre 237, un des héros entreprendrait de vêtir le détenu d'une combinaison de cuir noir, parachevée d'une boule à bouche rouge et de chaînes, et l'emmènerait dîner ainsi accoutré au restaurant de l'hôtel ; il justifierait la tenue de son « grand-père » auprès du personnel en prétextant la dernière volonté d'un vieillard pour ce qu'il pressent être son ultime anniversaire ; il réserverait le fumoir, cette petite pièce privative à l'écart de la grande salle du restaurant – et dont l'appellation est un vestige des temps immémoriaux où fumer du tabac en Australie n'était pas passible de prison –, afin d'y dîner à l'abri des regards ; il suggérerait au milieu du repas une petite danse entre Elisabeth et la créature, face aux clients et membres du personnel : danse de couple façon Mercredi Addams dédoublée, dissonante et saccadée, curieux pas de valse d'un macchabée et d'une survivante ; d'une femme avec son fantôme. Et n'importe quel morceau de jazz ferait l'affaire, qu'il fût ou non correctement interprété, cette musique incarnant aux yeux de la créature toutes les valeurs qu'elle abhorre – improvisation, métissage, désordre, errance ; l'idée serait de faire mourir le criminel de honte et notre vengeance pourrait s'arrêter là.

Mais bien sûr, ici, une telle séquence est inenvisageable : où trouver ces accessoires ? Et comment nous assurer que le salopard n'en profiterait pas pour fuir ? Par exemple, quand nous pénétrerions tous les trois dans l'ascenseur, en route pour le restaurant, et que nous ferions face plusieurs longues secondes à notre reflet dans le miroir de la cabine, là, que verrions-nous ? Une dame âgée bien peignée vêtue de couleurs vives, une petite brune inquiète et mal fagotée et, entre elles, une figurine de bande dessinée grandeur nature qui nous dépasserait d'une tête. Le spectacle de notre absurde trio nous distrairait à coup sûr et offrirait au détenu l'occasion rêvée de fuir à peine les portes de la cabine rouvertes. Et ce serait l'échec. Malgré tout, je l'avoue, imaginer le criminel s'échapper dans la nuit de la forêt affublé en chose servile serait une belle vengeance : minable et pathétique, il fuirait les regards des hommes et nous n'aurions qu'à tranquillement attendre l'annonce dans la presse locale de la mort par hypothermie, quelque part dans le bush, d'une créature octogénaire toute de cuir vêtue.

Je tais cette rêverie tarantinienne à ma grand-mère.

– As-tu une hypothèse, *sweetheart* ?

Je fouille à l'intérieur de moi et une évidence – une facilité ? – surgit : nourrir exclusivement le génocidaire de repas casher, lui enseigner l'histoire juive, l'initier à l'interprétation des textes, lui apprendre l'hébreu et le yiddish, l'abreuver jusqu'à écœurement de blagues juives. Et, cerise sur le gâteau : lui faire manger sa tête. Je m'explique : une vieille croyance ashkénaze prétend que manger une tête de poisson rendrait intelligent, et il est vrai qu'il faut une dose certaine de concentration et de vivacité pour ne pas mourir étouffé par une des multiples minuscules arêtes présentes dans une tête de carpe ou de daurade ; manger une tête de poisson met donc bel et bien le mangeur à l'épreuve de la mort ; en outre, cela permet d'éprouver l'humilité et le dénuement, le plus souvent le fait de femmes qui laissaient aux hommes et à leurs enfants les meilleurs morceaux et récupéraient les restes ; enfin, consommer une tête de carpe farcie ou de daurade à la marocaine est une expérience en soi, et je n'évoque rien du cérémonial solitaire à mains nues, du dépeçage méthodique, des bruits de succion des yeux et du cerveau, du plaisir honteux à fouiller le piscicéphale à la recherche d'un peu de chair qui sera avalée comme un trésor. À bien y réfléchir, sans doute est-il aussi question d'introspection, singulière mais avérée, et ce n'est pas un hasard si une mangeuse de tête de poisson notifie son repas à venir en annonçant avec un mélange de gourmandise et d'embarras qu'elle va *manger sa tête* ; expression qui pourrait aussi tenir lieu de conclusion résignée d'une apprentie romancière face à son manuscrit inabouti : incompétente et déconfite, que lui reste-t-il à faire ? À manger sa tête. Il me plaît aussi de rêver qu'il mangerait bel et bien sa tête, en découvrirait le goût infect et s'autosupprimerait de la plus étonnante façon. Mais, et Elisabeth le sait autant que moi, les chances de réussite d'une telle entreprise sont minces : il faut un temps infini pour dénazifier, désintoxiquer, défanatiser un cerveau comme le sien, si tant est que cela soit possible.

La réalité est décidément décevante. Me revient en mémoire l'aventure des six fumigènes de Beate Klarsfeld à l'occasion de la visite de Kurt Waldheim au Vatican en 1987 : évoquant la fumée blanche annonciatrice de la désignation papale, elle avait voulu, en tirant six colonnes de fumée noire au passage du président autrichien, rappeler les six millions de Juifs assassinés par le régime nazi qu'avait servi l'homme nouvellement élu. Idée de mise en scène à l'exceptionnelle puissance évocatrice. Beate et quatre rabbins américains venus l'aider dans son action avaient tenté de déclencher les fumigènes depuis leurs chambres d'hôtel donnant sur le Saint-Siège. En vain : une épaisse fumée noire envahit les pièces et ils eurent à peine le temps d'alerter les pompiers avant de prendre la fuite. En dépit de ces péripéties, l'objectif de Beate était atteint : un soupçon d'attentat contre Waldheim créa le scandale et attira l'attention sur la visite indue. Quant à notre objectif, un scénario de dévoration de tête de génocidaire pourrait attirer la curiosité d'un producteur à sensation, mais au risque de me répéter, je ne goûte pas les films d'horreur.

D'un geste vif, Elisabeth a rouvert la fiole et ôté au détenu sa cagoule qu'elle imbibe à présent du liquide toxique. Retenant son souffle et le mien, elle va pour repositionner le capuchon sur la tête du vieillard lorsque le téléphone sonne.

– Madame Halpern, votre fille Barbara est à la réception. Je la fais monter ?

III

Présences maternelles

Barbara était née « coiffée » : elle avait surgi du ventre d'Elisabeth enveloppée d'une cape translucide tissée dans la poche des eaux. Aussi nommés « bébés-sirènes », les bébés nés coiffés, parce qu'ils sont rares, sont considérés depuis l'Antiquité comme chanceux. Qu'ils le soient ou non, ces enfants-là, en épargnant à leur mère le percement de la poche des eaux, les préservent bel et bien de contractions douloureuses, et à ce titre méritent d'être gratifiés d'une bonne étoile pour l'éternité. Elisabeth n'aurait pu rêver accouchement plus aisé, naissance plus prometteuse et, des années après, elle s'étonnait encore de cette expérience stupéfiante et indolore qui avait vu naître sa première fille. À chacune de leurs conversations, alors que Barbara était à son tour devenue mère, Elisabeth rappelait à son aînée l'épisode heureux et, ensemble, elles recomposaient la joyeuse créature à deux têtes qui avait ce jour-là fait surgir la chance.

Ainsi Elisabeth avait-elle transmis à sa fille tout juste née l'enveloppe chaude et protectrice qu'elle s'était échinée à se fabriquer seule à coups de défis contre le destin. Contrairement à elle, grâce au bouclier magique, son enfant n'aurait pas à parier sans cesse mais serait victorieux *dès le départ*; et c'était là l'héritage inaugural d'Elisabeth à Barbara que la mère reprocherait parfois à la fille. Les jours de grand soleil, Elisabeth se plaisait à penser que cette coiffe miraculeuse était le fruit de toutes ses victoires cumulées contre le sort, de toutes ses secrètes invocations maternelles. Les jours de grisaille, elle s'interrogeait sur la source d'un tel prodige : elle savait la chance arbitraire et facétieuse, qui jetait son dévolu au hasard des membranes, alors pourquoi l'avoir choisie elle, et son ventre, pour y faire son nid ? D'où avait jailli la lumière – qui avait éclairé les obscurités – qui avaient guidé la main – qui avait fabriqué le mantelet – qui protégerait à vie sa possesseure ? La vérité était peut-être du côté des fées qui s'étaient penchées sur le berceau de l'enfant ; surprenant assemblage de mots, de prières et de rêves, celles-ci auraient pénétré l'intérieur d'Elisabeth, tissé la matière de ses entrailles, circulé dans les liquides, inscrit leurs lettres sacrées dans les viscères, et leur musique silencieuse aurait orchestré le plus incroyable des concertos.

Grâce à Elisabeth, grâce aux mots-fées chuchotés de la mère à son enfant, Barbara entrait dans une pièce, sa chance derrière elle, et le temps s'arrondissait : souple, élastique, libéré du malheur, ses vibrations annulaient la négativité des heures. Au fil des années, Barbara avait vu sa cape d'eau croître et accrocher sur son passage tout un attirail de souvenirs, d'ancêtres et d'héroïnes, si bien qu'il lui fallait toujours plus d'espace pour se déployer : elle s'installait quelque part, et de sa capeline devenue immense descendaient avec plus ou moins d'élégance ou de maladresse des rabbins par dizaines, leurs femmes, leurs filles, leurs fils, leurs ânes, leurs poules qui voletaient, caquetaient, s'agitaient, il y avait aussi des tailleurs, des vagabonds, des cordonniers, et tout ce monde-là discutait en un brouhaha joyeux et indicible ; tout autour de Barbara surgissaient en pagaille contes et légendes, rondes exaltées, flammes et lettres, disciples dévoués à leurs maîtres et l'incandescent désir de pulvériser la haine sous un enchevêtrement de danse et de joie.

Barbara et son shtetl viennent justement d'entrer dans le lobby et nous l'accueillons d'un sourire inquiet : elle ne doit rien savoir de ce qui se trame, au risque de nous mettre toutes les trois en danger. Elisabeth embrasse son aînée et lui annonce qu'elle a réservé pour elle la chambre avec la plus jolie vue, la 505 ; Barbara et sa troupe reconnaissante montent aussitôt s'y installer, et Elisabeth et moi rejoignons au plus vite la 237.

Le criminel n'a pas bougé, il est tel que nous l'avons laissé quelques minutes plus tôt. Elisabeth vérifie son pouls puis sort, je resserre encore ses liens, ferme à triple tour la porte derrière moi et la suis. Nous prenons silencieusement l'ascenseur, peu rassurées de laisser le vieillard à nouveau sans surveillance, et retrouvons Barbara et sa troupe dans le restaurant donnant sur la terrasse de béton. Exténués par les vingt-huit heures de vol depuis Paris, tous se plaignent du voyage, ils ne le referont plus, ils auraient pu en mourir, c'est un miracle s'ils n'ont pas fait un arrêt cardiaque en plein vol, et ces contrôles de sécurité, quel enfer, puis découvrant la vue spectaculaire et enneigée depuis la salle du restaurant, ils oublient soudain leur fatigue et s'émerveillent, regarde *Ethele* comme la lumière de fin du jour est belle, l'air de la montagne va nous faire du bien, respire, jeune fille, demain nous irons nous promener. Je prends le temps d'observer les compagnons de ma mère qui fluctuent au gré des heures, du contexte et de ses humeurs : je les connais bien, je sais leur enthousiasme, leur curiosité, leurs caprices ; les décrire revient à mesurer l'intensité de la présence maternelle et, ce soir, malgré la fatigue, tous sont heureux d'être là, tout comme Barbara. Émanation de son âme, les camarades qu'elle héberge ne l'accompagnent que s'ils en ont le désir, elle ne les oblige en rien, toujours attentive, et ils le lui rendent bien, à l'image de l'équipage anglais du bateau qui la ramenait à sa mère des dizaines d'années auparavant ; ils la consolent, l'amusent, et la gratifient en temps voulu d'une solitude choisie. Je les apprécie tous, mais mon affection se porte plus particulièrement sur quelques mères et leurs filles, grandes lectrices et bavardes acharnées. Leurs noms en pagaille : Shosha, Dora, Alma, Mila, Ethel, Yadja.

Au cours du repas, Elisabeth ne cesse de mentir : elle décrit à Barbara et ses amis un séjour formidable, explique qu'elle et moi skions beaucoup, d'ailleurs ta fille a énormément progressé, n'est-ce pas, *sweetheart* ?, dis à ta mère que tu sais dévaler des pistes noires à présent. Je souris, mal à l'aise, mais Elisabeth ne ment pas tout à fait : ces dernières heures ont été des pistes noires que j'ai descendues avec terreur. Bientôt ma mère et quelques épouses de rabbins expansives racontent les derniers livres qu'elles ont lus : des thrillers psychologiques où des femmes bien sous tous rapports virent meurtrières du jour au lendemain et mettent en marche une redoutable machine de vengeance. Les histoires sont saignantes, terrifiantes, elles en parlent avec des trémolos d'admiration dans la voix et rêvent à leur tour d'en écrire. Le goût de Barbara et de ces femmes pour la noirceur n'a d'égal que leur passion commune pour Isaac Bashevis Singer. Un jeune rabbin discret prénommé Avner demande gentiment de mes nouvelles : te plais-tu ici ? T'entends-tu bien avec Elisabeth ? Et au fait, t'a-t-elle présenté cet homme dont elle a longuement parlé à ta mère ?

Loin devant mes errances professionnelles, mes déboires sentimentaux ont toujours intensément préoccupé Elisabeth et le shtetl – Barbara a quant à elle longtemps fait mine de ne pas s'en soucier mais c'est un leurre dont je n'ai jamais été dupe. Au jeu consistant à me caser, Elisabeth s'est sans surprise donné pour mission de le gagner, et la distance n'était pas un obstacle. Depuis Melbourne, et avec la discrète mais non moins efficace complicité de Barbara, elle s'est débrouillée pour m'organiser des rendez-vous tous plus hasardeux les uns que les autres. Ainsi, il y a quelques années, je rencontrai le fils d'un de ses amis pharmacien qui voyageait en Europe ; fiasco. Une autre fois encore, c'est le fils aîné de son opticien de passage à Paris qui me fut présenté ; nouveau fiasco. Enfin, dernière tentative en date, le meilleur ami de son coiffeur qui faisait le tour du Vieux Continent était venu prendre un café dans mon quartier ; ultime fiasco. Mille têtes chaleureuses et inquisitrices me scrutent et bientôt les lamentations commencent : trouverai-je un jour un mari ? Suis-je trop difficile ? Pas assez féminine ? Trop intelligente pour un homme ? Pas assez jolie ? Le polycéphale garde pour lui les options les plus blessantes mais je les entends dans le silence. Me revient en mémoire ce moment de *La Promesse de l'aube* où la mère du narrateur lui prédit de son accent russe rocailleux qu'il sera Victor Hugo et qu'il aura toutes les femmes à ses pieds ; prophétie exaltée qui contient tout l'amour d'une mère pour son fils. Certes les mères en extase devant leurs filles existent et peuvent prédire à leur progéniture adorée qu'elles deviendront Victor Hugo, Einstein ou Madame de Sévigné ; cependant rares sont celles qui souhaiteront à leurs filles d'avoir tous les hommes à leurs pieds, au mieux elles diront « tu vas tous les rendre fous » et ce vœu résonnera comme une malédiction. Préférant la discrétion, elles espéreront pour leur fille qu'elle rencontre « le bon », un homme travailleur, un petit mari qui ne boit pas et ne te trompera pas, ma chérie. Face à Elisabeth et Barbara, à ces femmes de rabbins et à leurs filles me vient le désir fanfaron de réparer le lien des mères à leurs filles, de le rendre moins inquiet, moins féroce, de le dénouer puis le renouer en une boucle dansante où les amours échappent à la domination, où les oracles innovent, bienveillants et audacieux, où les cœurs conquis ne sont pas brisés. Je réponds à Barbara qu'elle n'a pas à s'en faire, j'ai rencontré quelqu'un. Surprise d'Elisabeth, enthousiasme de Barbara, curiosité et intérêt de l'ensemble du shtetl.

– C'est formidable, raconte.

– Je crains que ça ne soit pas très joyeux : il est beaucoup trop vieux pour moi, a des idées rigides, un passé trouble, un caractère difficile. D'ailleurs on ne s'entend pas bien, et comme si ça ne suffisait pas, il ne parle pas un mot de français. Pourtant, depuis que je l'ai rencontré, il occupe mes pensées nuit et jour.

Au fil de ma description, les yeux inquiets d'Elisabeth s'agrandissent, et tandis que ma mère s'étonne (mais comment peut-il te plaire ? Et de quoi pouvez-vous bien parler ? Et vieux comment ?), Elisabeth coupe court et annonce à l'assemblée qu'elle a retrouvé la trace d'une vieille amie de Varsovie. Barbara s'enquiert de la suite de l'histoire en polonais, l'assemblée intervient en yiddish, et dès lors je ne comprends plus que des bribes de conversation : il me semble que la vieille amie de ma grand-mère ne fume plus, qu'elle a beaucoup vieilli, en revanche je ne suis pas sûre qu'elle ait un fils, une fille ou des chats, mais elle habite près de la grande artère Marszałkowska. Après ces discussions qui m'excluent de fait – ma langue maternelle n'est ni celle de ma mère ni celle de ma grand-mère –, Barbara me questionne avec un fier intérêt sur ce que j'ai compris, s'enthousiasmant, elle qui pourtant ne m'a jamais parlé sa langue, du peu que j'en saisis au hasard de ses intonations. Quand je lui dis que j'ai pu distinguer la consonance de la rue Marszałkowska, elle s'étonne, alors j'explique que je connais ce nom car c'est dans cette grande artère du centre de Varsovie que Beate Klarsfeld s'est enchaînée à un arbre à l'été 1970, pour dénoncer l'antisémitisme du gouvernement communiste polonais de l'époque.

À l'évocation de la militante, une large portion de la troupe, principalement les femmes de rabbins et leurs filles, s'enthousiasme : quelle femme ! Quel courage ! Quelle détermination ! Quelques-unes envisagent d'ailleurs de l'imiter et de s'enchaîner à un arbre devant la Haute Cour d'Australie afin d'appuyer la demande d'extradition vers la Hongrie d'un ancien génocidaire – précisément celui dont j'ai parlé à Elisabeth quelques heures plus tôt. À ces mots celle-ci s'agite sur son siège et, préférant changer de sujet, pose à plusieurs camarades sa question préférée : trouvent-ils qu'elle et Barbara se ressemblent ? Les réponses fusent, en pagaille : oui ! Non ! Plus qu'avant ! Même si Barbara est plus brune et plus typée, mais à leur façon de parler disent les uns, à leur rire lancent les autres, non de se mouvoir précisent certains, Barbara et Elisabeth pourraient aussi bien être jumelles.

*

À la suite de leurs houleuses retrouvailles après dix années de séparation, Barbara et Elisabeth enchaînèrent les malentendus. Elles ne se rabibochèrent que lorsque Barbara devint maman d'une petite fille (moi). Sans doute ajouter un maillon à la chaîne invitait les précédents à se ressouder, afin d'éviter une cassure générationnelle qui eût été préjudiciable à la nouvelle venue. Sans doute aussi se découvraient-elles mille ressemblances, à présent qu'elles partageaient la même condition de mère. Parmi les ponts qu'elles jetèrent avec une joie fiévreuse d'une rive à l'autre de leur histoire commune, figura la bizarrerie de ne pas parler à leur enfant dans leur langue maternelle.

Barbara apprit le français à son arrivée à Paris, lorsque, fillette, elle fut placée dans un orphelinat le temps que son père trouve un logement et un travail. L'établissement parisien où elle fut admise alors accueillait les orphelins juifs d'origine française et polonaise. Ces deux groupes évitaient autant que possible de se côtoyer : entre eux, le malentendu était total, la langue et les mœurs du camp adverse dignes du plus grand mépris. Le clan polonais auquel Barbara appartenait ne comprenait pas un mot des cours dispensés en français et, chaque matin, tandis que l'institutrice terminait d'inscrire au tableau la date du jour, les Polacks gloussaient et se gondolaient, plongeant les Français dans la consternation. L'institutrice était loin d'imaginer qu'en écrivant *Aujourd'hui*, elle convoquait un mot (*hui*) qui en polonais en rappelait un autre d'une grossièreté inouïe (*chuj* ou « queue »). Parfois la consternation changeait de camp, comme le jour où furent servis à la cantine des artichauts puis du camembert : stupéfaits face à la grosse fleur marronnasse aux pétales durs, les Polonais firent aussitôt rouler leur repas sous la table ; quant au camembert, l'hilarité fut à la hauteur du dégoût. La relation de ma mère au français bascula le jour où elle récita un poème de Prévert en phonétique, et s'entendit cruellement signifier par l'institutrice : « Mademoiselle Rubinstein, vous parlez français comme une vache espagnole. » À compter de ce jour, la petite Barbara ne s'exprima plus que dans un français sans accroc, effaça à jamais son accent et n'usa du polonais qu'avec ses parents. Plus tard elle développa une passion pour les artichauts – seul le camembert demeura une énigme.

À la même époque, à des dizaines de milliers de kilomètres de là, Elisabeth et Anne éprouvèrent elles aussi un choc lié à la langue. Tout comme Barbara, Anne fut placée en orphelinat dès son arrivée en Australie, afin de permettre à Elisabeth de gagner de quoi subsister. Mais tandis que Barbara souffrait de la séparation du haut de ses onze ans – et sa douleur culminait lors des visites du dimanche auxquelles son père arrivait invariablement en retard, au bras d'une nouvelle femme que la fillette détestait au premier regard –, pour Anne, âgée de deux ans à peine, le déchirement fut sismique. Au sein de l'institution australienne, la fillette perdit quasi instantanément son polonais balbutiant, alors même qu'elle ne comprenait pas encore l'anglais. Faute de mots, elle régressa, se souilla à nouveau, s'isola. Lorsqu'elle commença semaine après semaine à maîtriser l'anglais, Elisabeth ne le parlait pas encore, de sorte que pendant de longs mois, mère et fille n'eurent plus de langue commune. Brusquement étrangères l'une à l'autre par la césure de l'exil.

Énigme de la langue maternelle. Est-ce pour ces raisons que ma mère ne m'a jamais parlé dans la langue de sa mère ? Pour éloigner l'exil, oublier l'arrachement à l'ancien monde et en reconstruire un nouveau ? Peut-être aussi pour éviter l'incompréhension tragique, nous épargner le vertige et l'affliction d'une absence de langue entre une mère et sa fille ? Cependant quelle est la langue véritable de celle qui n'a pas reçu pour première musique la langue de sa mère ? Quelle langue lorsque les mots intimes d'une mère durant la gestation sont différents de ceux qu'elle prononce à son enfant une fois celui-ci né ? Les premiers mots d'une mère sont d'abord ressentis, inscrits dans les corps et les ventres, entendus dans le secret des pensées avant d'être prononcés à voix haute ; ma mère pensait-elle encore en polonais tandis qu'elle me portait ? Rêvait-elle en polonais ? Alors l'ordre habituel a peut-être été inversé, et c'est une langue inconnue et mystérieuse que j'ai découverte à la naissance, flottant dans les lettres à défaut d'avoir investi les corps. Ma langue maternelle serait-elle une chimère, une langue fabriquée, rafistolée, naviguant d'un idiome à un autre ?

La fille cadette d'Elisabeth connut un arrachement brutal et mortifère à sa langue maternelle, quand j'ai éprouvé le mien dans l'obscur secret de la gestation. Anne a sombré dans la folie. Quant à moi, pour ne pas sombrer, je m'accroche follement à la littérature.

Absences

Je me réveille au milieu de la nuit et crois percevoir des chuchotements dans le couloir. Je passe une tête et découvre, stupéfaite, Elisabeth et un petit attroupement de compagnons de Barbara qui, décalage horaire oblige, y font les cent pas depuis plusieurs heures en quête de sommeil. Debout le long de la portion de mur entre ma chambre et la sienne, Elisabeth et la troupe sont en grande conversation et j'essaie de raccrocher les wagons.

– De quoi parlez-vous ?

– Tu ne dors pas, *sweetheart* ?

– Manifestement vous non plus. Qu'est-ce qui se passe ?

Un rabbin m'informe qu'elles parlent de Bronisława, la mère d'Elisabeth. Une épouse de rabbin, petite et énergique, précise qu'elle a bien connu la mère de Bronisława, alors les yeux d'Elisabeth pétillent.

– Ma grand-mère maternelle ? Comment s'appelait-elle ? Où habitait-elle ? Qu'aimait-elle ? Et ma grand-mère paternelle, la connaissiez-vous ?

Des voix fusent et chuchotent, certains disent que la mère de Bronisława se prénommait Perele, d'autres que la mère de Leib Lieberman se prénommait Zelda, dans la cacophonie je reconnais des noms de villes et de villages : Kamionka Strumiłowa dans la voïvodie de Ruthénie, aujourd'hui l'oblast de Lviv, pour Perele ; Sobibór dans la province de Lublin, du district de Włodawa, pour Zelda (car Sobibór, avant d'être tristement célèbre pour son camp d'extermination, était un shtetl). Je demande qui des deux a été violée lors d'un pogrom et d'un coup le silence se fait : à l'évidence le sujet est douloureux et l'aversion manifeste à reconstituer de telles circonstances. Je ne sais rien de l'histoire des mères de mes mères et, à écouter le chœur hassidique, les récits sont divers, les possibilités multiples : est-ce Perele, la mère de Bronisława, qui transmettra une génération plus tard ces traits aryens, clé de sa survie, à Elisabeth ? Ou bien Zelda, mère de Leib, grand-mère paternelle d'Elisabeth ? Bronisława pourrait être née en 1885, soit possiblement neuf mois après un des derniers pogroms qui, entre 1881 et 1884, ont frappé, tué, pillé, incendié, traumatisé les shtetls de la Zone de résidence de la Russie de Catherine II. De même Leib, le père d'Elisabeth, a pu naître en 1884 dans le district de Włodawa, peut-être précisément à Sobibór, peut-être dans un village voisin.

La Zone de résidence voit le jour en 1791, après l'annexion par la Russie de Catherine II du royaume de Pologne, de la Biélorussie, de la Lituanie, d'une portion de l'Ukraine et de la Moldavie : il s'agit d'un morceau de terre qui s'étend de Vilnius à Odessa, coincé entre la Baltique au nord, la mer Noire au sud, et dans laquelle les Juifs désormais sujets de l'Empire russe sont sommés d'habiter. De nombreuses bourgades alors entièrement peuplées de Juifs, les shtetls, voient ainsi le jour. Près d'un siècle plus tard, le 13 mars 1881, le tsar Alexandre II est assassiné à Saint-Pétersbourg par plusieurs membres de Narodnaïa Volia, « Volonté du Peuple », organisation terroriste russe prônant la destruction du régime tsariste. Dans les semaines qui suivent, des rumeurs véhiculées par d'obscures forces réactionnaires en cheville avec la police politique du tsar attribuent cet attentat non pas à l'organisation terroriste mais aux Juifs, sujets de seconde zone de l'Empire et, de par leur isolement et leur absence de protection, boucs émissaires rêvés. Les mois suivants, des pogroms éclatent dans différents shtetls, menés par la paysannerie russe des villages voisins, chauffée à blanc par l'assassinat de ce tsar aimé qui a mis fin au servage ; les Juifs apparaissent forcément coupables, tout comme ils le sont, puisqu'on les en accuse depuis des millénaires, de sanglants crimes rituels sur des enfants chrétiens à l'occasion de Pâques. Afin de détourner l'attention, de justifier l'usage de la force, de désigner le responsable de tous les maux infligés par l'Empire à son peuple, la police secrète du tsar invente le funeste et ô combien commode concept de « complot sioniste mondial », qui culminera avec la publication vingt ans plus tard, en 1903, d'un célèbre et non moins funeste faux qui deviendra un best-seller, *Les Protocoles des Sages de Sion.*

Mais revenons à 1881 : durant les trois années qui suivent, précisément au moment de Pâques, conséquences des sinistres mensonges des proches du tsar, de multiples pogroms éclatent à nouveau dans plusieurs shtetls, parmi lesquels peut-être Kamionka Strumiłowa, peut-être Sobibór. Pour Bronisława, les dates coïncident : la mère d'Elisabeth verrait le jour à l'hiver 1885, aurait trente-huit ans à la naissance d'Elisabeth, quarante lorsqu'elle interrompt sa sixième grossesse et meurt d'un avortement mal pratiqué. Bronisława Kanafas est-elle l'enfant de ce viol ? Sa mère aurait-elle été abusée par un barbare cosaque ? Parmi ses nombreux frères et sœurs, Bronisława a-t-elle été le seul bébé blond de sa fratrie, rappelant douloureusement à sa mère l'indicible de sa conception ? A-t-elle été instruite à ce sujet ou a-t-on préféré ne rien expliquer, faire comme si tout était normal ? Après tout, qu'un enfant plus clair naisse neuf mois après une agression meurtrière était chose tristement admise par les villageois des shtetls. Nul ne le saura jamais, Elisabeth ne possède aucune photo de sa mère pour témoigner d'une possible ressemblance entre elles.

Autre hypothèse : Zelda, la grand-mère paternelle d'Elisabeth, aurait été abusée lors d'un pogrom aux environs de Sobibór en 1883 et aurait donné naissance quelques mois plus tard à Leib Lieberman, père adoré d'Elisabeth. Des photos de son père, elle en possède une : c'était un homme brun, aux traits doux et ronds comme les siens, elle a hérité de ses joues et de la forme de son visage, et du teint clair de l'agresseur de sa grand-mère. Dès lors, tout est possible, l'une ou l'autre option. Elisabeth est bouleversée, un frémissement parcourt l'assemblée, la conversation reprend doucement, une mère montre une photo de son fils, un père, celle de sa fille, on se sourit et l'on murmure une prière du soir ou du matin, la question demeure car il fait encore nuit mais l'aube se lève, alors est-ce l'heure de célébrer un jour nouveau ?

*

La tribu de Barbara est rentrée se coucher et je raccompagne Elisabeth au chevet du criminel. Nous le trouvons éveillé, à moitié couché sur le combiné téléphonique, son bâillon relâché sur le menton, en train de gémir et d'appeler à l'aide. À l'autre bout du fil, la voix de l'hôtesse au petit foulard rouge et fard à paupières bleu lui demande de parler plus distinctement.

– *Is everything OK, sir ? Could you please repeat ?*

Paniquée, je récupère le combiné que je tends aussitôt à Elisabeth, redresse fermement le criminel puis resserre son bâillon. Elisabeth a pris sa voix la plus souriante et tente de rassurer l'agente de l'ASIO :

– Tout va bien, mon ami a fait un cauchemar, il est un peu anxieux ces temps-ci, un grand verre de cognac lui ferait le plus grand bien, mais ne vous dérangez pas, je viens le chercher au bar, ça me fera un peu d'exercice.

Elisabeth a raccroché. S'apprêtant à sortir, elle se demande, soucieuse, combien de temps encore nous serons capables de cacher le vieillard à Barbara et ses amis, ainsi qu'au personnel de l'hôtel. Je lui dis que j'ai peut-être une solution et m'étonne qu'elle ne me fasse pas taire d'un air las.

– Laquelle, *sweetheart* ?

J'envisage une bombe artisanale.

Stupéfaction d'Elisabeth.

– Et où vas-tu la trouver ?

J'ai l'intention de la fabriquer, j'ai vu ça dans un film : il faut des clous, un détonateur, de la dynamite.

– Et où comptes-tu la faire exploser exactement ?

– Dans la forêt. J'y conduis le criminel en pleine nuit et je l'enchaîne lui et la bombe à un arbre. Comme Beate Klarsfeld s'est enchaînée sur la Marszałkowska.

– Beate n'aurait jamais fait ça.

– Je sais.

– Et si la bombe n'explose pas ?

– Pourquoi n'exploserait-elle pas ?

– À ce que je sache, tu n'es pas artificière.

Elisabeth n'a pas tort. Et même si je l'étais, l'erreur reste possible. Comme pour les deux colis piégés envoyés par le Mossad à Alois Brunner alors qu'il résidait encore à Damas, libre de ses mouvements, des années avant sa mise sous surveillance par le gouvernement Assad sous la pression de l'Occident. La première tentative du Mossad s'opéra en 1961, dans la foulée du kidnapping réussi d'Eichmann. L'ancien responsable de la Solution finale en France, qui avait fui l'Allemagne d'après-guerre, vécut quelque temps en Égypte puis s'installa en Syrie au milieu des années 1950. Sous l'identité de Georg Fischer, Brunner fut consultant en sécurité pour le gouvernement syrien. Sa mission consista à établir l'outil central de répression du régime de Hafez el-Assad, les fameux services de renseignement qui allaient constituer l'ossature du plus grand État policier du Moyen-Orient. Brunner, qui se savait traqué, ne fréquentait que le premier cercle autour d'Assad. Cependant le Mossad l'avait retrouvé et observé. Parmi ses habitudes, l'ancien nazi était abonné à la revue de la Société autrichienne de plantes médicinales et recevait de temps en temps des tisanes par la poste – reliquat de son hygiène de vie nazie au service de la théorie de pureté raciale qui, en plus d'exiger des gènes spécifiques, excluait de fait les « poisons raciaux », à savoir le tabac, l'alcool et la viande, leur préférant divers remèdes naturels aux mille et un bienfaits. L'idée du Mossad était de bourrer d'explosifs un colis de prétendues tisanes et de l'adresser à Brunner. L'agent israélien présent sur place sympathisa avec un commerçant de la rue où habitait le génocidaire, et le missionna pour livrer le fameux colis. Cependant, quelques jours avant l'opération, l'auxiliaire demeurait introuvable ; il fut donc décidé d'expédier les « tisanes » par courrier. Le jour dit, un mauvais réglage fit exploser le colis avant que Brunner en ait pris possession, blessant au passage deux employées des postes.

Les années passaient et, avant tout préoccupé par les menaces des pays voisins qui mettaient en péril l'existence d'Israël, le Mossad négligeait la chasse des nazis. Jusqu'à l'année 1977 où le gouvernement du nouveau Premier ministre israélien, Menahem Begin, remit cette traque, et celle d'Alois Brunner en tête, à l'ordre du jour. Le génocidaire, amoureux des lapins comme son camarade Eichmann, était toujours friand de tisanes en tous genres et abonné à la même revue de botanique. La méthode du Mossad demeura inchangée : un colis piégé de prétendues infusions. Mais cette fois un agent se rendrait dans la petite ville de Karlstein afin de dérober plusieurs enveloppes à la Société autrichienne de plantes médicinales, et, pour une crédibilité maximale, le courrier serait envoyé depuis l'Autriche. Mais un nouveau problème surgit : l'enveloppe initiale, remplie d'explosifs, s'avéra trop épaisse pour passer par la fente de la boîte aux lettres. L'agent israélien choisit alors une enveloppe plus petite, la charge explosive contenue était certes plus faible, mais le tout se glissait aisément dans la boîte postale. Lorsque l'enveloppe atterrit enfin entre les mains d'Alois Brunner, faute de puissance suffisante, le génocidaire n'y perdit qu'un œil. Une sommation, à défaut d'une suppression.

Je ne désespère pas, il n'est pas trop tard pour essayer. D'autant que je repense à Thomas, camarade pisteur artificier, je pourrais lui dérober quelques explosifs qu'il utilise pour déclencher ses avalanches préventives, il me faudra aussi vérifier la durée de combustion de ses mèches, puis j'installerai tout ce petit matériel dans la boîte aux trésors du vieillard qui succombera seul au milieu de la forêt, sa boîte contre son cœur, sa haine éparpillée dans la glace.

Avalanches

À Barbara et ses amis affairés face à l'abondant buffet de petit déjeuner, Elisabeth ment et annonce qu'elle et moi partons skier pour la journée. Puis elle remonte dans sa chambre veiller seule le vieillard affaibli, tandis que j'accompagne Thomas dans sa tournée matinale. J'ai proposé à ma grand-mère d'y aller à ma place mais elle trouve ce jeune homme charmant, et je serais bien idiote de me priver d'une possible idylle avec lui.

Je rejoins Thomas en essayant de chasser cette idée de bagatelle en plein thriller. Il a accepté que je dresse son portrait de pisteur artificier pour un site français d'amateurs de ski pour lequel je suis censée être pigiste. Lui mentir a été chose aisée : il a suffi que je prononce les mots « site français » et il a accepté sans poser de questions. Le label France en Australie est un authentique sésame.

Nous nous sommes donné rendez-vous dans le lobby où j'ai enfilé de lourdes chaussures d'alpinisme accessoirisées de griffes à crampons qu'il me prête pour l'occasion, et je commence à comprendre, la peur au ventre, que je vais devoir grimper. La matinée est claire et nous arpentons une poudreuse immaculée en direction d'un pic montagneux. C'est une escalade délicate le long d'un sentier tortueux en bordure de ravin et fréquemment me prend l'envie de fermer les yeux pour chasser le vertige. Thomas ne parle pas beaucoup et j'apprécie qu'il ne dissipe pas mon attention. Nous arrivons à un sommet qui offre au pisteur artificier un panorama complet des couloirs d'avalanche alentour, et moi, pour ne pas hyperventiler et vomir d'angoisse, je fixe l'éclat brillant du ciel ; je n'en reviens pas d'avoir escaladé un flanc de montagne aussi ardu. Je n'ai pas le temps de lancer sur mon écran intérieur les images d'un film catastrophe que déjà Thomas Hugh Barnett, premier du nom, balance dans quelques endroits préalablement repérés des petits bâtons d'explosif qu'il a extraits de son sac à dos et mis à feu. À quelques mètres de nous, les mèches se consument et bientôt la dynamite explose, déclenchant un glissement de neige : l'avalanche ainsi produite évite sa jumelle fatale, incontrôlée et inattendue. Le protocole a ceci d'excitant que je douterais presque de sa légalité : ainsi, il existe un job qui consiste à balancer de la dynamite dans la poudreuse et à la regarder exploser en une gerbe de neige étincelant au soleil de glace. Presque aussi merveilleux que le métier de scénariste qui consiste à poser des pièges face à des personnages et à les regarder y tomber ou les éviter ; à ceci près que derrière un écran d'ordinateur le risque de mourir d'une chute dans un ravin est sensiblement plus faible. Je note que les mèches utilisées par Thomas ont une durée de combustion de quinze secondes entre l'allumage et la déflagration, et remarque la précision de son lancer de bâton. Je le photographie les deux pieds dans la poudreuse, il prend la pose, souriant, bâton de dynamite éteint à la main. Sa tournée terminée, je le raccompagne jusqu'à son hangar qu'il déverrouille et dans lequel je découvre l'ensemble de son stock. Tandis qu'il s'éclipse dans un cagibi attenant pour ôter sa combinaison professionnelle, je lui pose deux ou trois questions pour la forme – comment a-t-il appris ce métier ? faut-il un diplôme ? est-il pionnier en la matière en Australie ? – et j'en profite pour subtiliser deux boîtes d'explosifs ainsi qu'une bobine de mèches que je cache fébrilement dans mon sac à dos. J'apprends qu'il ne travaille que le matin et que par conséquent son hangar est fermé le reste de la journée. Il ressort de son cagibi, tout sourire, sa combinaison de ski pastel multicolore sur le dos, et me propose une promenade cet après-midi, moins sportive, précise-t-il ; je décline poliment, j'ai un article à écrire. Beau joueur, il n'insiste pas, me remercie encore et je promets de lui transférer le lien vers l'article dès qu'il sera en ligne. Je m'éloigne et rejoins le lobby, honteuse d'avoir menti à cet honnête type. Sans doute est-ce le métier de criminel qui rentre.

Une fois dans ma chambre, j'aligne sur mon lit la demi-douzaine de bâtons de dynamite et les contemple d'un air tout à fait paniqué : qu'est-ce que j'imagine ? Qu'à défaut d'une brillante carrière de scénariste, une vocation de poseuse de bombes s'ouvre à moi ? À ce moment précis, je souhaite secrètement que les mensonges cessent, que ma mère découvre tout et prévienne les autorités. J'entends alors des éclats de voix dans la chambre 237, frappe à la porte d'Elisabeth, entre et découvre Barbara figée face au criminel. Mon désir secret a été entendu. Ses rabbins, leurs femmes et leurs enfants dorment, ignorants et bienheureux, dans la chambre 505 mais ma mère est affolée : qu'avons-nous fait là ? Avons-nous perdu tout discernement, tout sens commun, toute croyance en la justice des hommes ? Elisabeth tente une explication : le SS, l'impunité, l'arrogance. Et son refus de laisser un tel salaud mourir de vieillesse dans son lit. Barbara allume une cigarette sous l'œil horrifié d'Elisabeth qui comprend que, contrairement à ses grandes promesses, son aînée n'a jamais cessé de fumer.

– Quel est votre plan ?

Elisabeth se tourne vers moi.

– Ta fille a des idées, je crois.

Barbara ouvre de grands yeux incrédules, alors à mon tour j'explique : ma carrière ratée de scénariste, le pacte, la coercition, l'empoisonnement, la conversion au judaïsme, la tête de poisson. Ma mère est déconcertée.

– Vous êtes folles, vous êtes deux folles ! Et ? À présent ? s'interroge Barbara.

– Un projet d'enchaînement à un arbre et de bombe.

Consternation de Barbara.

– Vous feriez mieux d'appeler un médecin et de laisser ce grabataire tranquille. Il y a un temps pour la vengeance, un autre pour la décence.

Barbara décroche le téléphone afin de prévenir l'accueil et, pour la première fois de notre séjour, je sens ma grand-mère vaciller : la chance de Barbara a toujours été pour Elisabeth une nébuleuse magique aux caprices de laquelle elle devait se plier sans discuter, au risque de courir un grand danger. Imaginer la chance de sa fille aînée se retourner contre elle, c'est voir toutes ses joies l'abandonner et la livrer, seule et triste, à la mort. Stupéfaite devant sa capitulation, je tiens bon et j'explique à ma mère qu'il est trop tard : Elisabeth et moi nous sommes déjà rendues coupables d'un délit de séquestration et d'une tentative d'homicide sur personne vulnérable. Libre à Barbara de repartir.

– Si en revanche tu décidais de rester, tu devrais te plier aux contraintes de la situation. C'est-à-dire ne rien dire et ne pas nous faire obstacle.

Un temps suspendu. Barbara a raccroché.

– Très bien. Mais à partir de maintenant, vous nous laissez faire, ma chance et moi.

Funambules

Voilà près de trois jours, résume Barbara, que le génocidaire ne prend plus son traitement. Vu les chocs émotionnels qu'il a traversés et la quantité de somnifères et d'alcool qu'il a ingurgitée, elle est convaincue que l'arrêt cardiaque ne saurait tarder. D'ici là, il s'agit de ne pas attirer l'attention, par conséquent de sortir de nos chambres et de participer le plus possible aux activités organisées par l'hôtel, activités qu'Elisabeth et moi avons jusqu'ici boudées. Barbara nous somme d'assister à la projection d'*Une femme disparaît*, un de ses Hitchcock préférés. Passablement inquiètes de la capacité de ma mère à remplir sa mission de surveillance auprès du vieillard, tout en maintenant sa troupe dans l'ignorance, nous descendons dans le bar lambrissé reconverti pour l'occasion en mini-salle de cinéma : un vidéoprojecteur a été posé sur une table, un drap blanc tiré le long d'un mur, une vingtaine de chaises installées par rangées de quatre les unes derrière les autres.

Elisabeth et moi prenons place au deuxième rang et déjà le film commence, sa mélodie de valse douce et lancinante envahit la pièce. Quelques minutes plus tôt, Barbara m'a aussi formellement interdit de fabriquer une bombe et ordonné de me débarrasser de mes bâtons de dynamite. Je lui ai promis de remettre au plus vite le matériel dérobé à Thomas là où je l'ai trouvé. À la fin du premier acte (lorsque Iris Henderson se réveille de son somme et ne voit plus Miss Froy), je m'éclipse, butin dans mon sac à dos. Mais à défaut de me diriger vers la cahute de Thomas, je pars retrouver la clairière de mon lac des Carpates.

À cette heure de la nuit, le bush australien me semble encore plus dense, encore plus grouillant de créatures fabuleuses, revêtant des airs inquiets de forêt polonaise en hiver, forêt de conte cruel où tout le monde meurt à la fin, les papas les mamans les vieillards les enfants. J'arrive à la clairière, y repère un arbre plusieurs fois centenaire, trace à sa base un cercle parfait, y plante à équidistance dans le sol dur et enneigé mes bâtons de dynamite, les relie entre eux au moyen d'une mèche : j'ai renoncé à mon idée de ligoter le criminel à l'arbre au centre du cercle mais pas à celle d'un joli feu d'artifice. Perdue dans les bois sombres, je n'écoute que mon souffle et les mille bruits environnants, tente d'allumer la mèche mais mes doigts sont engourdis et je perds mon briquet dans la poudreuse. Je renonce temporairement à mon feu de joie, rebrousse chemin et rejoins Elisabeth dans le lobby.

J'arrive pour la séquence finale du film. Elle a pour décor

un train à l'arrêt dans une forêt froide et grise à la frontière entre l'Europe libre et le Bandrika, pays fictif totalitaire coincé quelque part entre les Carpates et les Alpes autrichiennes, où l'on parle un sabir d'italien, de hongrois et d'allemand ; je pense à la forêt de conte que je viens de quitter ; à cette forêt polonaise où réside la sorcière qui abuse de Max Schulz en échange d'un toit dans *Le Nazi et le Barbier* ; à cette forêt polonaise en bordure de laquelle habite la paysanne qui recueille l'enfant jeté depuis un train dans *La Plus Précieuse des marchandises* ; à cette forêt polonaise qui a vu surgir côte à côte les chambres à gaz et les premières fleurs du printemps ; à cette forêt polonaise où des milliers de Juifs, de communistes, d'hommes et de femmes entrés en résistance sont morts de froid et de faim ; à cette forêt polonaise où Marek Rubinstein a mangé des racines à s'en détruire l'estomac ; à cette forêt polonaise où ma grand-mère s'est battue avec des monstres.

Les lumières se rallument et Elisabeth voit arriver vers nous sa coiffeuse qui l'aborde, charmante : elle a trouvé le film *great*, elle demande des nouvelles de mon « grand-père », je la rassure, il dort comme un bébé, puis elle dit qu'elle a beaucoup repensé aux karpatkas d'Elisabeth.

– Tu veux connaître la suite ? lance ma grand-mère, flattée.

Jane répond dans un large sourire. Quant à moi je lance à Elisabeth un regard inquiet : combien de temps encore allons-nous laisser Barbara en tête à tête avec le vieillard ? Mais Elisabeth sourit et, devant une tasse de thé, poursuit son récit.

À la suite de la dénonciation de Bogdan Glinski, je suis activement recherchée par la Gestapo et quitte précipitamment Varsovie ; je n'ai sur moi que ma robe d'été, ma paire de sandales et ma dernière paie amputée des deux parts de gâteau, ça, tu t'en souviens, alors je recontacte Barbara Orwid et la comédienne résistante m'offre aussitôt un nouveau rôle : je serai bonne à tout faire dans une petite ville éloignée de Varsovie – je ne me souviens plus du nom. Là, je travaille seize à dix-huit heures par jour au ménage, à la cuisine et aux soins des deux bébés de ma patronne, une coiffeuse comme toi mais beaucoup moins sympathique, et dont le mari est prisonnier de guerre. Le travail y est exténuant, j'ai mal aux mains, au dos, aux pieds, je dors mal, je mange mal, je crains de tomber malade et d'attraper le typhus dans un hôpital de campagne, alors je rappelle Barbara et la supplie de me trouver un autre rôle. Elle connaît un comte polonais propriétaire d'un vaste domaine à Boguszowice, à plus de trois cents kilomètres au sud-ouest de Varsovie. Barbara me dit que j'y suis attendue en renfort de l'équipe déjà fournie de domestiques. Le trajet de la capitale à Boguszowice est long et périlleux : dix heures de train puis cinq heures à bord d'une voiture à chevaux qui m'attend à la gare. Sur le quai, juste avant que je ne monte, Barbara me tend une cage dans laquelle se trouvent des tortues : ce sera ma justification aussi fantasque que crédible à ce long voyage ; avec cette cage, j'attirerai peut-être l'attention, mais je la détournerai tout autant, à l'image du fameux appareil à attraper les lions imaginaires en Écosse que décrit Hitchcock à Truffaut, le fameux MacGuffin. Tu connais, n'est-ce pas ? Eh bien ces tortues en cage sont le parfait MacGuffin, comme la Miss Froy dans le film que nous venons de voir, et comme cette mélodie à la guitare que tout le monde doit retenir, tu as compris ? Je voyage, ma cage à tortues sur les genoux, et un très court instant j'oublie la guerre et les nazis, je suis l'héroïne d'un scénario écrit par une pétulante comédienne des années folles passionnée de Hitchcock, et au passage je peux t'assurer qu'elle aurait apprécié la projection conviviale de ce soir. Nous arrivons à bon port, mes tortues et moi, découvrons une grande demeure fort bien tenue et je me mets aussitôt au travail. Les conditions de ce nouveau rôle sont extraordinairement plus douces que celles du précédent, je me fais au rythme des jours, à l'équipe de domestiques qui ne me soupçonne de rien d'autre que d'être une jeune fille enthousiaste et pleine de fantaisie, émissaire de tortues, de poésie et de joie. Un après-midi, tandis que je suis dans la cuisine à éplucher des pommes de terre après un déjeuner délicieux, je m'emballe et, face à un public de marmitonnes et de cuisinières, récite un poème d'Adam Mickiewicz, tu connais Mickiewicz ? « Le prince avait alors pour épouse la fille d'un puissant seigneur de Lida, la première entre les beautés des rives du Niémen. Elle se prénommait Grażyna, ce qui signifie la belle princesse, et quoique son âge déclinât d'une aube juvénile vers le midi des années féminines, elle unissait merveilleusement sur un même visage le double charme d'une adolescente et d'une matrone. On avait l'impression qu'on contemplait l'été auprès du printemps, que la fleur n'avait pas perdu l'incarnat de la jeunesse et qu'en même temps, le fruit approchait de sa maturité.» Et tandis que je déclame du Mickiewicz sous l'immense cheminée de la cuisine du château de Boguszowice, à des centaines de kilomètres de là sur le front russe, mon futur second mari adoré, le jeune soldat Wladislaw Szedrowicz, fraîchement enrôlé dans l'Armée rouge, reçoit un tronc d'arbre en plein torse, qui transforme irrémédiablement son cœur de jeune homme en celui d'un vieillard. Je ne le saurai que des années plus tard, car à cet instant je ne pense ni aux hommes ni à mon avenir, tout entière aux vers que je déclame face à ces femmes aux corps fourbus par des années de labeur, alors tu penses bien que je fais un carton, un tel éloge de la femme mûre leur a toutes mis un étincelant sourire aux lèvres et moi, je ne l'ai pas fait exprès, j'ai juste récité sans arrière-pensée quelques lignes d'un livre appris par cœur un soir de printemps, alors que je rêvais à ces âges nouveaux où les corps parlent et se dévoilent. J'aurais voulu toutes les mettre dans ma poche, je n'aurais pas fait mieux, je ravis tous ces cœurs et ces corps abîmés. Ce que je ne sais pas, c'est que la doyenne de la demeure m'a entendue réciter ce poème; c'est la mère du propriétaire, une vieille aristocrate exigeante et lettrée qui, entrée dans la cuisine alors que je me lançais tout juste, me dit, enthousiaste, qu'elle se prénomme Grażyna, n'est-ce pas incroyable? Et n'est-il pas prodigieux qu'une toute jeune femme comme moi connaisse par cœur des vers de son poète préféré? La jeunesse n'est donc pas entièrement corrompue, mais que diable fais-je donc à déplumer les volailles ? Que je vienne plutôt lui réciter d'autres merveilles ! Et c'est ainsi que je suis arrachée à ma cuisine et deviens dame de compagnie d'une riche comtesse polonaise antisémite, férue de poèmes romantiques. Les six mois suivants m'offrent un court répit : dans ce décor de conte, à moins de deux heures de route d'Auschwitz, je découvre un monde sur lequel ni le temps ni l'histoire n'ont de prise ; les mœurs fastueuses du château y demeurent intactes depuis plus d'un siècle et les jours s'y écoulent, paisibles et cossus ; au cœur de l'été 1943, les jardins sont radieux, la nourriture abondante, et la tendresse de la vieille comtesse sincère. Parfois, j'imagine le vif sentiment de trahison qui l'étreindrait si elle apprenait que sa jeune conteuse, loin d'appartenir au noble peuple polonais, n'est qu'une vulgaire sémite. La nuit, je rêve que je suis Elisabeth Raczyńska, véritable petite-nièce du comte Edward Raczyński au sang bleu, aux rêves chevaleresques, aux ancêtres héroïques ; je veux croire de toutes mes forces à mon mensonge, je voudrais supprimer en moi celle que je dissimule, que tous recherchent et veulent assassiner, et cette filiation mensongère, cette imposture que j'interprète à la perfection me lie plus fortement encore à la vieille dame. Mais un matin l'ombre s'étend sur la maison. À l'aube, les Allemands pénètrent le château et exécutent sans sommation le fils unique héritier du titre, membre actif des partisans polonais ; les jours qui suivent, le château est pillé par ces mêmes résistants, puis par les nazis ; le comte ruiné est contraint de congédier ses gens, alors, comme tout le monde, je quitte les lieux. Les adieux de la vieille comtesse sont mesurés, mais je note dans son œil sec un voile brillant inaccoutumé. Fin de la cage dorée, cage dorée des tortues, moi petite tortue accueillie et choyée dans ce décor de conte, j'en suis expulsée sans une parole. Nouvel appel à l'aide à Barbara. J'apprends que ma prochaine destination sera Korytnica, à plus de quatre cents kilomètres de Boguszowice, au nord-est de Varsovie. Mon voyage en train est cette fois beaucoup moins romanesque : ni cage, ni tortues, ni MacGuffin, le scénario passe sans transition du registre de conte à celui de thriller. Je voyage seule et sans protection, tendue, inquiète, craignant les rondes des soldats, les arrêts prolongés dans des gares isolées en pleine campagne, les regards inquisiteurs des hommes de mon compartiment. J'arrive finalement sans heurt à Korytnica le 4 janvier 1944 et intègre aussitôt mes fonctions de préceptrice. La famille qui m'accueille est celle du secrétaire aux impôts de la petite ville. Sa femme Agnieszka est très gentille et ils ont une grande fille et deux petits garçons, tous trois mignons. J'alterne cours, lectures et jeux, passe les caprices des deux plus jeunes, sauf lorsqu'ils me demandent d'assister au bûcher improvisé par les villageois sur la place du marché pour une malheureuse Juive en fuite, attrapée ce jour-là dans la forêt proche. Là, je leur explique fermement que ça n'est pas un spectacle pour les enfants et que nous avons du travail. Le dimanche qui suit, c'est jour de l'Épiphanie, j'accompagne la famille du secrétaire à la messe. L'homme est un notable du village, il a les honneurs de l'Église et des sièges lui sont réservés parmi les stalles à gauche de l'autel, visibles du reste de l'assemblée ; alors moi, leur jeune employée, je m'assieds près d'eux. Je n'ai jamais assisté à une messe, ne sais rien de l'Épiphanie, marmonne des Amen et me signe en jetant des coups d'œil hâtifs vers mes voisins. À l'issue du service, nous sommes tous conviés à un thé dominical chez des amis d'Agnieszka. En ce rude après-midi d'hiver, le thé servi est noir, les gâteaux lourds, le salon surchauffé. Je suis installée près de l'âtre, il y fait si bon, je pourrais m'abandonner à la chaleur enveloppante du feu, à ses couleurs hypnotiques, oui, un très court instant je pourrais relâcher ma vigilance, tu comprends, je ne me laisse jamais aller, je suis toujours aux aguets, alors la tentation est grande de baisser la garde. Ce jour-là, chez l'amie d'Agnieszka, un jeune homme s'est invité, fils d'un commandant de la police polonaise, il se prénomme Eryk et ne me quitte pas des yeux ; pas pour me draguer, penses-tu, non, son regard insistant me sonde jusqu'au malaise, je tente de l'ignorer mais bientôt la conversation s'attarde sur moi, la nouvelle préceptrice de la famille ; Agnieszka ne tarit pas d'éloges à mon égard, et je connais bien la littérature, et je suis une lectrice hors pair, et les enfants raffolent déjà des histoires que je leur ai racontées ces deux premiers soirs, bref, elle m'apprécie sincèrement et moi je la remercie, touchée, cependant que le regard d'Eryk ne me lâche pas. C'est alors que, glaçant, il me lance : « Je vous ai observée ce matin à l'église. Je jurerais que c'était la première fois que vous assistiez à une messe. »

Une longue seconde s'étire, l'âtre s'éteint d'un coup, la pièce s'obscurcit, plongeon dans un lac gelé, tous les regards se tournent vers Elisabeth qui se raidit, surtout ne pas trembler, ne pas trahir l'émotion qui l'étreint, ne pas faire tinter la tasse sur sa soucoupe, inspiration, maîtriser ses mains, expiration, ne pas ciller, un rai de lumière la transperce, elle repose avec flegme sa tasse sur la table basse, toise l'homme et, soudain prise d'une colère réelle – contre lui mais aussi contre elle, car sans doute se reproche-t-elle sa légèreté durant l'office –, elle rassemble les forces que ces dernières semaines de tendresse sincère auprès de sa vieille comtesse lui ont insufflées et qui lui donnent l'aplomb de croire férocement à son mensonge; et elle entre en scène: sait-il à qui il s'adresse impudemment? A-t-il la moindre idée du rang de son interlocutrice? Il parle à Elisabeth Raczyńska, petite-nièce du comte Edward Raczyński, président intérimaire de la république de Pologne en exil à Londres, les parents d'Elisabeth ont été faits prisonniers par l'Armée rouge et elle est depuis activement recherchée, raison pour laquelle elle a fui Varsovie et s'est réfugiée à la campagne, auprès de ce couple accueillant et de leurs enfants qui lui rappellent sa propre famille. Et lui, qui est-il? S'il a des qualités d'espion aussi redoutables, que fait-il à végéter dans ce village perdu? En ces temps troublés, il est fort dommageable à la république de Pologne de la priver d'un esprit aussi perspicace. Un léger sourire flotte sur les lèvres de l'épouse du secrétaire, fière de son employée dont l'éclat et la noblesse rejaillissent sur elle quand son hypothétique condition sémite l'aurait au contraire éclaboussée. Le jeune homme honteux baisse les yeux. Poliment, Agnieszka suggère à Eryk de présenter ses excuses à la petite-nièce du comte Raczyński et de clore l'incident. Et le fonctionnaire s'exécute.

C'est une fin d'acte. Un monologue murmuré à l'oreille d'Elisabeth par quelque prodigieux souffleur pour une représentation unique. Elisabeth comédienne funambule, pieds nus sur une lame de rasoir, ment sans jamais se trahir au risque de mourir sur-le-champ. Au cœur du souvenir transmis, l'impulsion salvatrice procède du culot, de l'aplomb, de la *chutzpah* ; ce talent pour le texte, ce sens du jeu, cette audace à croire à ses mensonges manifestent le panache d'Elisabeth et ses secrètes invocations maternelles. Elle ne dit pas que, de retour dans sa chambre, elle tremble de tous ses membres, retient un cri, ses nerfs se glacent, sa peau se tend, son ventre se tord ; depuis son lit elle entend les cris de joie des villageois qui brûlent vive la fugitive juive capturée deux nuits plus tôt, la flamme haute du bûcher relâche une épaisse fumée noire dont elle éprouve les effluves nauséabonds jusque dans ses draps ; sa chambre entière pue la mort ; sur ce bûcher, dans ce feu, ç'aurait pu être elle. Mais elle ne raconte que son audace formidable ce dimanche-là, sa franche victoire contre le sort. Dès lors, un culte nouveau est célébré par les femmes après elle, entièrement dédié à servir et à aimer passionnément une mère orpheline qui a élevé la *chutzpah* au rang d'art. Enchaînées au trait héroïque originel grâce auquel elles ont été comtesse et fugitive, priant dans une église et dans un ghetto, légitime et illégitime, elles tenteront de le reproduire par tous les temps sur tous les tons, dans un hommage entêtant, acharné, souvent drôle, toujours dérisoire, voudront en rejouer la partition improvisée, en retrouver le shoot grisant, mais la roue du souvenir tronqué contient sa propre malédiction, le souvenir n'oublie pas, elles s'obstineront jusqu'à épuisement, se couronnant puis s'enterrant à l'infini, jamais dignes de cette mère qu'elles tenteront d'honorer pour l'éternité, filles groupies tout entières absorbées par la grande prêtresse pupille, habiles à ce numéro de funambule ; leur ligne de temps en cercle autour d'elles mais jamais ferme sous leurs pieds ; yeux fermés en équilibre sur un fil à trois cents mètres de hauteur, mais incapables de flâner, insouciantes, pieds nus sur un chemin de terre. Expertes en survie, ignorantes du goût de vivre. Condamnées à un perpétuel exil d'elles-mêmes.

*

Dans la chambre 237, Barbara n'en peut plus. Elle a laissé sans un mot d'explication son village à la porte, lui a interdit d'entrer et ce tête à tête avec l'homme sans visage lui est insupportable. Un court instant, elle lui a ôté sa cagoule pour vérifier qu'il respirait et le regard criminel l'a poignardée en plein cœur. Elle me le confiera, elle s'est surestimée, rêve de s'arracher à cette chambre-prison, de s'extraire de la touffeur viciée, de ces haleines acides. Elle a besoin d'air, besoin de sentir l'oxygène gonfler ses poumons, le sang battre dans ses veines. Elle nous maudit Elisabeth et moi de cette situation, ne comprend toujours pas comment ni pourquoi les choses ont pris cette tournure, elle se sent mal, a une pointe au cœur, ouvre la fenêtre, prend une grande goulée d'air. Je remonte à ce moment-là du bar, après y avoir laissé Elisabeth et Jane boire ensemble une dernière tasse de thé.

J'arrive aux abords de la 237 et trouve le chœur agité sur le palier. Je frappe quelques coups à la porte, Barbara entrouvre, les villageois s'agglutinent dans l'entrebâillement, elle referme aussitôt la porte, le temps de jeter un couvre-lit et quelques coussins sur le vieillard allongé, rouvre à nouveau, j'entre alors, entraînant avec moi toute la troupe qui l'entoure et palpite de questions : comment va Barbara ? A-t-elle besoin de quelque chose ? A-t-elle faim ? Soif ? Sommeil ? Et pourquoi n'est-elle pas restée se reposer dans sa chambre ? Et pourquoi a-t-elle refusé de leur ouvrir ? Jetant des coups d'œil paniqués en direction du vieillard sous le couvre-lit, Barbara s'efforce d'attirer les regards sur elle en se plantant devant le mur face au lit, sous le miroir de sorcière. La troupe s'agglutine autour d'elle, contre le mur, près de la fenêtre ouverte, et soudain un bruit sourd de chute de pierres nous fait sursauter : sous la fenêtre, un pan entier du mur vient de tomber au sol, découvrant une partie vitrée dans le prolongement de la lucarne. Cette vitre basse dessine avec sa jumelle au-dessus une porte-fenêtre. La chambre d'Elisabeth et la mienne partagent la même petite fenêtre filante : si chez moi aussi se révèle une fenêtre basse, alors c'est une longue baie vitrée qui court le long de la cloison extérieure de nos deux chambres. La fameuse porte communicante. Mais je n'ai pas le temps de me réjouir car les rabbins et leurs épouses ont vu quelque chose s'agiter sous le couvre-lit. Mila rabat la couverture et tous découvrent, horrifiés, le vieillard alité.

Des larmes

Alors que Barbara et sa troupe se reposaient dans la chambre 505 avant la projection, je demandai à Elisabeth à quelle condition elle accepterait de tout arrêter. Sa réponse avait aussitôt fusé, prête sans doute depuis toujours :

– S'il pleurait.

Si le criminel pleurait seul sous sa cagoule, s'il délivrait ce message du corps à l'abri des regards, la marque de sa peine et de sa sincérité, s'il s'y soumettait, s'y abandonnait, alors Elisabeth accepterait de le laisser reprendre le cours de sa vie. Ainsi accordait-elle une valeur inestimable à ces larmes hypothétiques, elle que je n'avais jamais vu pleurer. N'avait-elle plus de larmes ? Les avait-elle toutes versées pour ses disparus ? À moins qu'elle ne les eût cadenassées dans un endroit profond, enfoui, auquel ni elle ni personne n'accéderait jamais. Leur donnait-elle un sens que le pleureur lui-même n'avait envisagé ? Y décelait-elle une façon digne et honnête de laver son visage, de le laisser paraître vulnérable aux regards, comme l'avaient été les visages de ses victimes ? La fragilité comme aveu ultime ?

Quelques années plus tôt, j'avais assisté à une étonnante exposition dans laquelle étaient reproduits des génotypes de larmes provenant de différents individus. J'avais appris à cette occasion que chaque larme possédait une structure moléculaire propre alors même qu'elle n'était, à l'œil nu, qu'une simple goutte d'eau, minuscule flaque de tristesse ou de joie en apparence identique à n'importe quelle autre. Tour à tour graphiques ou organiques, les larmes passées par l'artiste au microscope composaient un herbier inédit d'une richesse stupéfiante : ruches, dessins aérés, lignes imbriquées, traits inquiétants, formes rondes et souples, plans de villes, griffonnements distraits, estampes japonaises, pointes fines, gouttes d'eau à l'intérieur de gouttes d'eau. À les voir aussi distinctes, une question surgissait : partageaient-elles le même génotype que ceux qui les versaient ? Comme autant de microcosmes qui s'écoulaient, liquides, d'yeux de géants, ressemblaient-elles à ceux qui les fabriquaient ? À leurs traits, leur teint, leur humeur ? Était-ce là le visage des larmes ? Leur éclat, leur paysage ? Si tel était le cas, alors les larmes des petites filles étaient autant de bulles fraîches et pétillantes composant un manège enchanté, et celles de notre criminel des concrétions rances, pisseuses, asséchées, miradors et barbelés. (Le détenu était-il seulement capable de larmes ? N'était-il pas tout juste apte à dégager de la fumée, de la poudre, des flammes ? Possédait-il comme tout être humain ce fluide précieux, ce liant d'humanité, notre eau de pluie intérieure ?)

Où disparaissent les larmes ? interroge le poète Abba Kovner. *Et les pleurs, les voix, les mots, les âmes, les désirs ?* Où s'écoulent les chagrins du monde ? Peut-être ruissellent-ils dans la terre éponge, abreuvant champignons et racines, mutant en gouttes de rosée délicates sur des bourgeons scintillants, creusant les sillons où passe notre eau de vie lorsque la mort l'a bue. Et si, à la faveur d'un gigantesque tsunami, nos larmes s'unissaient en une vague puissante, murmure liquide inondant la terre, vaste ondulation, inédite montée des eaux, *acqua alta* des tristesses du monde, vapeurs de nos peines et de nos colères plurimillénaires, cris et souffles assourdissants, alors les structures moléculaires des larmes au départ distinctes s'allieraient, se confondraient, s'imbriqueraient les unes aux autres, homogènes à présent, joies et tristesses mêlées, adultes et enfants, vieillards et nouveau-nés, la source redevenue une et indivisible emporterait le monde dans son irrésistible courant et franchirait rivières, océans, atmosphères, espaces-temps jusqu'au Big Bang moins une seconde. S'il pleurait, pensait Elisabeth, les maigres larmes du criminel rejoindraient le concert de nos douleurs immémoriales.

Les larmes comme prix du pardon ? Mais le pardon n'est pas de ce monde, en tout cas pas du mien, il ne m'est envisageable que sous certaines conditions, présuppose aveux, regrets et un indéfectible sentiment de culpabilité ; or s'il est conditionné, il n'a plus rien à voir avec le pardon chrétien, le pardon véritable.

À une époque où les génocidaires étaient pendus, une ancienne résistante demanda grâce au général de Gaulle pour son tortionnaire, sollicitant la commutation de la peine capitale en emprisonnement à perpétuité ; grâce qui lui fut accordée. Elle entama par la suite une correspondance avec le détenu qui, tout comme ses comparses de Cologne, ne cessa de se plaindre de ses conditions d'incarcération. Cette femme se nommait Noëlla Rouget : jeune résistante de la première heure déportée au camp de Ravensbrück, elle demeura tout au long de sa vie un infatigable témoin de l'horreur concentrationnaire. Ses convictions contre la peine capitale m'obligent, la beauté de son geste m'écrase : à l'époque, je le concède sans fard, j'aurais fait partie de ceux qui lui auraient reproché sa position. Et cependant, si notre vieillard criminel était arrêté aujourd'hui, il finirait ses jours derrière les barreaux. Il va sans dire que je ne demanderais pas grâce mais une peine perpétuelle pour celui qui a délibérément fui la justice des hommes d'aussi nombreuses années.

Mais cette question n'est pas d'actualité : non seulement notre criminel n'a pas montré une once de remords, mais il s'apprête à récidiver.

IV

Monstres

Dans le couloir, le shtetl s'est réuni. Après le choc et l'indignation, l'heure est au conciliabule. On chuchote et on s'interroge : que faire de ce criminel grabataire ? Comment sortir Barbara, Elisabeth et moi de ce piège qui nous désigne et nous menace ? Le tout en respectant les préceptes divins. Casse-tête impossible, mais bientôt la discussion s'interrompt car il est dix-sept heures quarante-trois, alors on s'affaire, on s'agite, la troupe s'éparpille et rejoint ses quartiers. Je retrouve ma chambre, y remplis mes bols de lait mais déjà les entends revenir, les vois qui investissent le couloir, endimanchés, parfumés de frais, livres de prière à la main, prêts pour l'office de shabbat. En quelques secondes, le couloir se transforme en synagogue, l'essentiel de l'assemblée se concentre devant la porte 237 et surveille bien malgré elle le criminel.

C'en est trop pour Barbara qui s'en veut d'imposer à ces âmes pieuses une situation aussi moralement discutable, alors, entrant précipitamment dans la chambre, elle commence à défaire les liens du vieillard affaibli, lui demande s'il souhaite voir un médecin, faire une promenade ou manger quelque chose. Troublé, il s'apprête à lui répondre mais voilà qu'Elisabeth entre à son tour et, constatant l'imprudence de sa fille, le rattache aussitôt à son lit tout en accablant Barbara de reproches : elle n'aurait pas dû venir, elle n'a jamais supporté la pression, elle risque de craquer, de décompenser, peut-être de tomber malade ou, pire, en dépression. Mais Barbara tient tête et rétorque que sans elle et sa chance, qui sait si sa mère et sa fille ne seraient pas déjà en train de croupir en prison pour mauvais traitements sur personne vulnérable ayant entraîné la mort ? Elle n'admet toujours pas les motivations d'Elisabeth, elle qui lui avait pourtant dit que la guerre n'avait pas été la période la plus sombre de son existence ; mieux, elle avait avoué qu'en comparaison de la maladie de sa fille cadette, la guerre avait été une partie de plaisir, alors pourquoi s'acharner sur ce vieillard ? En quoi cela aidera-t-il à résorber sa tristesse et à soigner Anne ? La question excède Elisabeth : certes, la schizophrénie d'Anne et le quotidien avec Morton ont fait de sa vie une succession de moments tragiques, mais pourquoi son désir de justice en serait-il altéré ? En quoi la maladie de sa benjamine et son épouvantable troisième mariage l'empêcheraient-ils de punir un vieux génocidaire ? Barbara ne comprend-elle donc pas que le monstre qui a dévoré son deuxième mari, sa fille cadette et rongé le cerveau de Morton est un avatar de celui qui pourrit dans le lit de la 237 ?

Là-dessus, Elisabeth me demande de surveiller le criminel, puis s'éloigne en direction de l'ascenseur : la charmante Jane lui a parlé d'une piscine intérieure chauffée au sous-sol de l'hôtel, elle s'y rend pour diluer sa colère dans le chlore. Dans la chambre, près du criminel, ma mère m'apostrophe : et moi, que pensé-je de toute cette farce ? Cette comédie noire ne répare pas le monde, elle n'est que ressassements névrotiques qui attisent les haines et les rancœurs, or l'univers a besoin de rafistoler les cœurs, de penser aux vivants, de bâtir la paix, de cultiver la mémoire et le pardon. Je réponds à Barbara que j'ai accepté d'aider Elisabeth en toute conscience et que certes cette histoire me coûte, mais elle m'est nécessaire. Dépitée, ma mère allume une cigarette et souffle sa fumée tout près du criminel, inconsciente de contribuer aux yeux de celui-ci, bien plus encore qu'Elisabeth et moi ces derniers jours, à sa perte. Pendant ce temps, quelques étages plus bas, Elisabeth a enfilé son maillot une pièce, son bonnet de bain à fleurs et ses lunettes de plongée.

Depuis qu'elle a pris sa retraite une quinzaine d'années plus tôt, ma grand-mère se rend quotidiennement à la piscine du quartier chic de Prahran, dans le sud de Melbourne, qui possède un bassin couvert et un autre extérieur. Lorsqu'elle nage son kilomètre, elle se sent libérée du poids de ses soucis, elle oublie l'austérité de Morton, les crises de démence d'Anne, son autodestruction à l'œuvre. Elle repense aussi aux hommes qu'elle a le plus aimés : son père Leib et son deuxième mari Wladislaw, tous deux grands nageurs. Sous la longue douche qu'elle prend après sa séance, le quotidien resurgit par petits bouts et elle songe que Morton se réjouira qu'elle lui ait fait économiser plusieurs mètres cubes d'eau chaude. Mais c'est dans les vestiaires, à la vue de ces jeunes femmes qui prennent soin de leur corps et se tartinent de crème hydratante, qu'Elisabeth est rattrapée par la tristesse ; elle jalouse non pas leur jeunesse mais leurs mères dont elle voudrait prendre la place : pourquoi sa fille détruit-elle son corps avec autant d'acharnement depuis ses seize ans ? Parfois ma grand-mère imagine qu'une main cruelle a aggloméré dans la pauvre carcasse béante de sa cadette tous les moments tragiques de sa vie ; Anne rappelle à Elisabeth toutes ses épreuves, réveille les plaies : son veuvage à trente-cinq ans ; la solitude lors de son exil sur cette terre sauvage ; son troisième mariage avec un homme qui a reproduit l'atmosphère concentrationnaire ; mais surtout, surtout, de par ses besoins de soins et d'attention qui croissent avec le nombre des années, Anne rappelle à Elisabeth son manque de mère, et cette fois, impossible de gagner la partie, Elisabeth est démunie, privée d'un modèle auprès de qui elle aurait pu demander conseil et secours.

Le corps des femmes. Corps polymorphe, réceptacle des désirs, objet de violence, vaisseau de survie, créateur, procréateur, corps signifiant, bouleversant, corps parlant.

Le corps d'Anne. Chantier inachevé toujours plus détruit, à chaque moment de souffrance où il réclame d'être apaisé, calmé, oint d'amour et de crème hydratante, le voilà qui s'enfonce et s'abîme, Anne dérègle toutes ses horloges internes, explose les compteurs, fait fumer la machine, la déforme, littéralement la déboussole, son corps ne sait plus quand où comment, il engouffre, engloutit des kilos de sucre et de gras, son taux d'insuline s'affole, le cœur s'emballe, les muscles fondent, les articulations ploient sous la graisse, et son visage, ce si joli visage disparaît derrière les bouffissures, les bosses et les triples mentons. Livrant un combat perdu d'avance, Anne s'autodétruit pour exister et Elisabeth a mal.

Tout commence par une nuit d'avril 1956 alors qu'Anne vient tout juste d'avoir un an. Ce soir-là Elisabeth la couche dans son joli berceau et la petite s'endort. Son père est à l'hôpital depuis deux jours, victime d'un infarctus qui résulte d'une vieille blessure de guerre ravivée par les purges staliniennes. Elisabeth est à son chevet lorsqu'il ouvre les yeux : en voyant son doux visage, il lui sourit. Elle le quitte pleine d'espoir, sans se douter qu'une fois seul Wlodek s'éteint. Elle apprend sa mort quelques heures plus tard par téléphone et la tragédie entre une nouvelle fois dans sa vie, par la petite porte, l'intime, celle que l'on serre fort contre soi, dont on voudrait étouffer les pleurs mais la douleur est trop vive. Elisabeth porte la main à son cœur, se retient de tomber, pousse un cri de bête qu'on saigne, brutalement vidée de ses forces vitales, de toute sa puissance résistante, de toute sa joie ; depuis sa chambre d'enfant la petite Anne entend sa mère, ses sanglots pénètrent ses oreilles, investissent l'espace de son crâne, chaque recoin de son corps, l'enfant ne pleure pas, contient en elle les cris ; Elisabeth est trop faible pour prendre sa fille dans ses bras, pour l'embrasser, lui dire qu'elles vont être là l'une pour l'autre, cette enfant, cette si belle enfant, désirée, attendue, fruit de deux parents orphelins, était à ce titre destinée à être doublement choyée, qu'a-t-elle à lui offrir à présent ?

Assise à même le sol, Elisabeth pleure tout ce qu'elle a retenu de larmes depuis l'entrée des Allemands dans sa ville natale à l'été 1941, tout ce qu'elle a retenu de larmes durant ses longues nuits sans sommeil à rester aux aguets, à ne rien laisser paraître de sa terreur et de sa colère, tout ce qu'elle a retenu de larmes lorsqu'elle fut témoin de l'horreur quotidienne, de l'humiliation froide et ricanante, tout ce qu'elle a retenu de larmes à la mort de son père, de sa sœur, de ses frères ; elle pleure et ses larmes gonflent les murs, chargent le silence, inondent les rues ; elle pleure et la terre tremble. Depuis plusieurs minutes aucun bruit ne parvient de la chambre de l'enfant, alors Elisabeth rassemble ses forces, se lève, entre, s'approche du lit. Et là, s'immobilise. Dans le berceau, sa fille a muté : ses oreilles ont grandi d'un coup, rouges, immenses, démesurées, ses pavillons se sont déployés comme autant de mains affolées cherchant secours, implorant de l'aide, tentant d'échapper à la noyade, saturées de nouvelles inaudibles, d'émotions impensables, quelles vies pour elles deux à présent ? Elisabeth est épouvantée, à une tragédie vient s'ajouter une autre, inquiétante et bizarre, qui bouscule les physiologies, transforme les corps, distord le monde. Anne et sa tête de bébé aux gigantesques oreilles écarlates, l'incroyable d'un corps qui parle, d'un corps qui souffre, elles reprendront leur taille dans quelques heures mais la difformité n'aura pas disparu, elle se sera nichée ailleurs, à l'intérieur, dans un recoin du corps et du crâne de la fillette ; approchée par la bête ce soir-là, petite Anne-chimère a de drôles d'oreilles.

*

Tandis qu'Elisabeth nage, Barbara rejoint sa chambre et retrouve sa troupe qui la rassure : grâce à la chance de leur amie, les choses tourneront pour le mieux. Et à leurs yeux, la meilleure stratégie pour ne pas attirer les soupçons est que Barbara, Elisabeth et moi dînions ensemble ce soir, puis participions au bingo organisé par l'hôtel. Pendant ce temps, le chœur des villageois se relaiera auprès du vieillard et chacun promet d'être aussi prudent que discret.

Parmi ceux qui ont parlé, les deux sœurs Goldblatt, Ethel et Mila, me sont particulièrement chères. La veille encore, elles et moi avons fait une courte promenade dans ma clairière au lac des Carpates et elles m'ont confié vouloir raconter des histoires, elles ne connaissent pas bien le cinéma mais la littérature les appelle, elles ont des tas d'idées, me demandent si je pourrais lire une de leurs nouvelles, j'accepte et m'étonne : écrivent-elles ensemble ? Toujours. Comme les frères Coen, leur dis-je, à mon tour pétrie d'admiration. Qui sont ces Coen ? me demandent-elles. De quel village viennent-ils ? Élevées par Wanda et Janusz, une mère à poigne et un père doux, ces deux adolescentes vives et curieuses me questionnent souvent de leurs grands yeux où dansent mille romans conquérants : comment devient-on scénariste ? Ai-je toujours voulu l'être ? N'est-ce pas trop difficile ? Quels sont les pièges à éviter ? Alors je profite de ces furtifs moments d'admiration pour pérorer : j'omets soigneusement de dire qu'on crève souvent la faim, je n'évoque que le plaisir à pratiquer ce qui, cela va de soi, n'est pas un travail mais une passion, je perpétue la fable du saltimbanque libre qui baigne dans la béatitude quotidienne de sa vocation poétique. Cependant comme j'apprécie ces deux jeunes filles, je précise aussi que ce métier est cruel, que le secret est de tenir et de croire en sa chance et en la singularité de sa voix, ce qui, me concernant, consiste avant tout à m'asseoir à ma table et à écrire et c'est tout.

Dans la chambre 505, les sœurs Goldblatt se proposent pour être du premier tour de garde mais leurs parents s'insurgent : Wanda prétexte leurs devoirs à faire, Janusz rappelle qu'elles ont promis de les aider à leurs affaires, et puis elles sont beaucoup trop jeunes. Mais voilà que Simon et Dora Koenig, joyeux couple qui se dispute par tous les temps et que d'aucuns surnomment le rabbin et la rabbine de Mezeritch, se mettent à leur tour dans les rangs. À eux deux ils s'acquitteront de la mission. Soulagement de l'assemblée, cependant que les adolescentes, conjurant leurs parents de leur faire confiance, insistent pour aider les

Koenig et se répartir les rondes. Wanda et Janusz résistent encore puis acceptent de s'en remettre au couple. Le rabbin et la rabbine de Mezeritch s'engagent à veiller sur les deux sœurs. Barbara remercie l'assemblée tandis que déjà Ethel, Mila, Simon et Dora se dirigent vers la chambre 237.

*

Un instant, j'imagine une réalité parallèle quelques décennies plus tard où, par je ne sais quel mystère, les images de la séquestration du vieillard se trouveraient diffusées sur le Net et convoqueraient aussitôt un tribunal populaire : un procès en Instalive avec les pour et les contre ; les pour une mort immédiate, les contre qui m'insulteraient, et entre les deux les raisonnables qui appelleraient à la retenue et à la convocation de la justice ; là-dessus les trolls de tout poil s'en mêleraient, suggéreraient l'écartèlement en direct ou le pardon sans condition en me traitant de nazie et attaqueraient au passage Israël et sa politique d'occupation, et tout se mélangerait dans un discours invertébré, un effacement de l'intelligence, la fin des démocraties. Les images de la mort en direct du criminel, devenues virales, feraient le tour du monde en quelques secondes, relanceraient le débat sur la puissance des réseaux sociaux, l'impunité des génocidaires, l'âge au-delà duquel tout châtiment devient indécent, le devoir de mémoire, le « plus jamais ça », les hypocrisies de la Realpolitik, et des commentaires en pagaille viendraient ponctuer l'insoutenable vidéo, *t'as vu le vieux gars qui meurt en direct sur Insta ? c'est chaud, c'est une tarée qui a posté ça, la meuf elle avait trop la haine, elle l'a fumé, franchement ça se fait pas, le gars il était mourant, laisse-le crever tranquille, c'est une feuj la meuf c'est des sales racistes les feuj franchement, ils valent pas mieux que lui…* Et on me jetterait au feu on me traiterait de criminelle on me désignerait comme celle qui ne pardonne rien qui est restée bloquée dans le passé alors que d'autres crimes de masse sont perpétrés en ce moment même et que rien ni personne ne les arrête, on me reprocherait mon ethnocentrisme, *vous n'avez pas le monopole de la souffrance vous les Juifs, y en a marre de la Shoah, et vous, ce que vous faites en Palestine, vous croyez que c'est mieux ?* Le criminel trouverait pour le défendre des avocats par milliers, les nostalgiques du Troisième Reich, les amoureux du troisième âge, les défenseurs de la démocratie (*Faites confiance à la justice !*), les pourfendeurs de la démocratie (*À bas un système fasciste !*), des pauvres, des riches, des jeunes, des vieux, des moches, des beaux, tous ceux qui n'ont rien à dire mais qui parlent sur tous les tons par tous les temps. On m'accuserait d'infliger au génocidaire des pratiques de torture particulièrement cruelles, de lui avoir fait subir une fin atroce que j'aurais sciemment coupée au montage, on me crucifierait sur la place publique et, des années après, comme pour le corps de Joseph Mengele, des légistes le déterreraient et découvriraient, déçus, que sa mort fut tout à fait naturelle.

*

Elisabeth, Barbara et moi venons de pénétrer dans l'ascenseur. Nous y croisons Jane, tout heureuse de retrouver ma grand-mère et qui félicite sincèrement ma mère pour son impeccable brushing. Elisabeth l'invite à notre table, la charmante coiffeuse accepte et nous voilà bientôt Barbara et moi spectatrices involontaires de leur conversation.

L'Australienne a beaucoup repensé aux histoires d'Elisabeth, elle trouve ses souvenirs saisissants, se sent privilégiée d'avoir été choisie pour ses confidences, alors ma grand-mère, touchée par cette femme au visage doux, au corps replet et à la vie apparemment tranquille, la questionne avec un intérêt sincère : a-t-elle des enfants ? Un mari ? Et depuis quand est-elle coiffeuse ? A-t-elle toujours voulu l'être ? Jane a un mari, trois enfants, un canari et un salon de coiffure qu'elle a hérité de sa mère. Elle y a tout appris depuis petite fille, voyait sa mère coiffer des dames, se souvient des casques de mise en plis et des bigoudis, aimait rester des heures dessous, aidait et balayait les cheveux, comparait les couleurs, textures, épaisseurs. Sa petite famille est venue passer les vacances à Mount Buffalo mais Jane n'aime pas le ski, alors elle s'est dit qu'elle pourrait gagner un peu de sous en offrant ses services. Elisabeth trouve son initiative épatante, elle a une grande estime pour son métier, sa nièce aussi d'ailleurs est coiffeuse. À Jane qui s'étonne ma grand-mère précise : oui, elle est la fille unique de sa plus grande sœur Helena, de dix ans son aînée ; figure tutélaire qu'Elisabeth croyait avoir perdue pendant la guerre, qu'elle retrouva saine, sauve et ivre de joie à la Libération, et qui la rejoignit quelques années plus tard à Melbourne. Helena, née Golda, rappelle à Elisabeth sa fratrie disparue. Elle survécut grâce à un ouvrier polonais catholique tombé amoureux d'elle, qui l'épousa, la cacha, la protégea. Grâce à lui, ses années de guerre furent moins cruelles que celles d'Elisabeth, le jeune homme la tint éloignée des monstres. Est-ce pour cela que la lignée des femmes après Helena jouit d'une vie tranquille de *middle class* australienne ? La fille unique d'Helena est d'un naturel optimiste, comme Jane, et à l'opposé d'Anne. Elisabeth se souvient d'une autre coiffeuse qui venait une fois par semaine coiffer les malades et les dépressifs à l'hôpital. Ma grand-mère la croisait les mardis matin à la cafétéria et lui servait un café américain avec beaucoup de lait et deux sucres. La jeune femme s'appelait Toni, avait des yeux verts et de beaux cheveux roux, et la coiffait gratuitement en échange de quoi Elisabeth lui offrait une pâtisserie. Un jour, Toni proposa de coiffer sa fille cadette Anne, internée dans ce même hôpital. Celle-ci accepta jusqu'à ce qu'elle comprenne que la coiffeuse avait sympathisé avec sa mère : elle y vit alors une ingérence maternelle, un reproche à peine déguisé pour son manque de coquetterie, et refusa de laisser Toni entrer. Ma grand-mère s'interrompt. Jane, désolée, propose de nous offrir un verre, un verre de vin, Elisabeth doit aimer ça, le vin, avec une petite-fille française, non ? Mais Elisabeth explique qu'elle ne boit pas d'alcool, Jane veut-elle savoir pourquoi ? La coiffeuse est tout ouïe.

– Ça aussi, *dear*, c'est toute une histoire.

Je suis depuis deux mois à Korytnica et le printemps arrive avec sa lumière douce, l'odeur du foin, le bruit des bêtes qu'on rentre le soir ; je commence à bien connaître cette campagne et ses chemins de terre. Sur mon vélo, je traverse forêts et clairières, pédale pendant des heures, debout au-dessus de ma selle, mes jambes robustes me portent loin – je n'ai jamais eu les jambes fines de ma sœur Julia –, autour de moi la route défile, mes roues filent une trame imaginaire et le temps se suspend. Une nuit, je suis conviée à un banquet, une fête de village où on tue le cochon, on le cuit à la broche, on le mange accompagné de betteraves, de patates, de fruits rouges et de vodka. Si j'ai tout fait jusqu'ici pour échapper à ce genre d'invitation, celle-ci, je n'ai pas pu la décliner. À vrai dire, je n'ai pas peur des paysans, je saurai repousser leurs avances, je ne crains pas non plus leurs questions indiscrètes, je connais ma légende. Non, ce qui m'inquiète, c'est l'alcool. Tu comprends, la guerre a éclaté quand j'avais tout juste dix-sept ans, et à dix-sept ans dans la maison de mon père, je n'ai encore jamais goûté à de l'alcool, j'ai beau savoir qu'une légère ivresse est pour n'importe quel mortel chose agréable, pour moi elle signifie me trahir, elle est un aller simple pour Auschwitz ou le bûcher dressé par ceux-là mêmes avec qui j'aurais trinqué quelques minutes plus tôt. Mais là encore, je ne peux pas refuser de m'enivrer sans paraître suspecte aux yeux de cette jeunesse campagnarde vigoureuse, alors tu vois, je suis piégée, contrainte de boire comme on marche sur des braises. Ce soir-là, à chaque verre qu'on me sert, à chaque verre que je bois, la mort rôde, d'autant plus sournoise qu'elle arbore des atours festifs, aussi pour résister je n'ai qu'un moyen : manger, avaler, engloutir tout ce qui se présente à moi, viande, patates, choux, pain, j'ingère, je dévore, j'engouffre fruits, gâteaux, fromages afin d'éponger l'alcool, de contenir l'ivresse, de circonscrire la perte de contrôle en un point dérisoire. Le banquet s'étale sous mes yeux et je me goinfre et trinque à tous ces Juifs qu'on assassine, je ris à toutes ces blagues dans lesquelles un bon Juif est un Juif mort, décidément bonne camarade, je découvre aussi que j'inspire le respect, la rumeur de mon coup d'éclat le jour de l'Épiphanie a enflé, tant et si bien que mes voisins me considèrent comme la digne petite-nièce de l'éminent comte polonais résistant, je bois et je mange et je mange et je bois ; au bout de trois heures, toute lestée de vodka, de porc braisé et de blagues assassines, je m'extrais de la souricière, rejoins mon vélo, pédale dans la nuit, suis le chemin de terre éclairé par les rares carreaux de fenêtres encore allumés aux façades des maisons. Je respire vite, ventre lourd, tempes bourdonnantes, cœur cognant dans la poitrine, la nuit est épaisse et le sentier pourtant familier me semble semé de pièges, mes jambes me lâchent, chaque caillou, chaque ornière est synonyme de chute, de blessure, d'hôpital où, si je ne meurs pas sous les bombes, je succomberai du typhus dans la solitude et la désolation, surtout ne pas tomber, ne pas perdre l'équilibre –

Elisabeth pédale, mue par un effroi qu'elle a caché toute une soirée derrière un sourire de jeune fille de bonne famille ; à présent seule dans la nuit noire, sa peur déborde, s'échappe, lui échappe, ses mots ont muté en gargantuesques portions de nourriture arrosées d'une forte quantité d'alcool de pomme de terre, mais Elisabeth n'a personne à qui raconter sa prouesse, elle roule, manque de trébucher sur une pierre, freine, descend de son vélo, le jette au pied d'un arbre, vomit ses tripes derrière un chêne.

À moins qu'elle ait bel et bien digéré ce repas empoisonné. Qu'elle l'ait assimilé, que ses cellules aient absorbé l'indigestible et que, repues, elles en aient conservé la trace, aient grandi avec son empreinte tenace, inextirpable, dégueulasse. Depuis ce jour, tapi quelque part à l'intérieur d'Elisabeth, le monstre digéré se tient prêt à la dévorer. Il attend, confiant, le moment opportun. Elisabeth est comme les jeunes partisans menés par Abba Kovner, qui, arpentant durant plus de sept heures le réseau d'égouts du ghetto de Vilnius pour rejoindre la forêt, se sentaient piégés dans le système digestif d'une gigantesque bête : elle est enfermée dans le ventre du monstre cependant que celui-ci, diabolique, se tient aussi à l'intérieur d'elle. Au fil des ans, elle apprend à le dompter, anticipe ses assauts, contient ses colères, calme ses fringales ; elle croit l'avoir vaincu mais ignore qu'il a déposé à l'intérieur du ventre des femmes après elle un de ses avatars qui les attaque, les terrorise, les phagocyte ; certaines résistent à ses enzymes dévastateurs et s'extirpent de toutes leurs forces, grignotées par endroits, de l'estomac difforme ; d'autres se laissent engloutir, comme la cadette d'Elisabeth, la petite fille-chimère meurtrie dès la première attaque. Anne est la plus vulnérable de la lignée, le monstre le sait et livre ses assauts aux moments décisifs : après l'épisode des oreilles à la mort de son père, survient la paralysie partielle de son visage à son arrivée à l'orphelinat de Melbourne, précisément lorsqu'elle n'a plus de langue ; puis ce sont des crises psychotiques qui émaillent la jeune adolescente et son corps pubère. À l'âge de vingt ans, Anne est diagnostiquée schizophrène. De son obésité handicapante elle développera un diabète sévère. Elle finira dévorée par la monstrueuse mâchoire à cinquante ans à peine.

*

Dans la chambre 237, de retour de notre dîner, nous trouvons le lit vide. La baie vitrée grande ouverte. Au sol, les corps sans vie d'Ethel, de Simon, de Dora. Recroquevillée derrière la porte, grelottante et blessée, Mila se balance, regard vide, mutique. Face à ses parents qui surgissent derrière Barbara, Mila est prise de sanglots, sa mère l'enlace, son père pleure, et elle raconte : le vieillard s'est réveillé quelques minutes après notre départ, il a demandé à boire, paraissait très faible, alors Ethel, prise de pitié, les a convaincus, elle et les Koenig, de lui donner un verre d'eau et de délier ses mains afin qu'il boive sans entrave ; elle lui a aussi administré un médicament et offert un bol de bouillon, les Koenig et Mila n'étaient pas d'accord mais Ethel pensait que c'était la chose à faire : après tout ce n'était qu'un vieux monsieur qui avait soif – Ethel ne saura jamais l'inimaginable cynisme du criminel et de ses congénères qui, aux déportés juifs grecs et juifs hongrois arrivant morts de soif à la rampe d'Auschwitz et de Treblinka, après plusieurs jours d'un voyage où ils n'avaient ni bu ni mangé, promettaient une tasse de thé après la douche ; alors ces centaines de milliers d'hommes, de femmes et d'enfants qui se déshabillaient dans les vestiaires des chambres à gaz ne pensaient plus qu'à ça, à cette tasse de thé chaude qu'on leur servirait lorsqu'ils seraient propres. Ethel faisait simplement preuve d'humanité, comme les kibboutzniks du sud d'Israël qui, à chaque fête de l'Indépendance, accueillaient des Gazaouis pour se rappeler avec eux la Nakba ; comme ces Israéliens pacifistes qui ouvraient leurs foyers et jardins à leurs voisins palestiniens de l'autre côté du mur et leur offraient un travail, sans se douter que ceux-ci en profiteraient pour tracer les plans précis de leurs maisons en vue des attaques du 7 octobre 2023. La tragédie de la guerre est intime, la haine infiltre les âmes, ronge les cœurs, étouffe l'espoir ; Ethel, elle, était intacte, une âme pure, et le criminel reprenait des forces ; une fois qu'il a eu fini son bouillon, il a voulu aller aux toilettes, Simon s'est levé pour l'accompagner et les quelques fractions de seconde de flottement qui ont suivi ont suffi au génocidaire pour s'emparer de son Luger et coller une balle dans la nuque du rabbin de Mezeritch. Une deuxième balle dans la nuque pour faire taire Dora qui hurlait. Une troisième à Ethel à qui il a précisé avant de l'exécuter qu'il faisait ce qui était pratiqué à l'« hôpital », cette fosse ainsi cyniquement appelée près de la rampe du camp d'extermination de Treblinka, où étaient menés les personnes âgées et les enfants à qui les SS administraient une « pilule » ; c'est-à-dire une balle dans la nuque. Le corps sans vie d'Ethel est tombé lourdement au sol. Quand le tour de Mila est arrivé, le chargeur du Luger était vide, alors le criminel lui a asséné un violent coup de crosse sur le crâne, a pris deux couvertures et s'est enfui par la porte-fenêtre.

Le visage de l'ennemi

La mort a pénétré la chambre 237. Elisabeth est anéantie, Barbara amputée d'une partie d'elle-même. Autour d'elle les villageois en deuil traversent le couloir dans un souffle, fantômes aux prières chuchotées, sanglotées, arrachés à leurs danses et à leur joie, et bientôt, à l'orée du bush, Wanda et Janusz Goldblatt enterrent leur fille cadette Ethel aux côtés du rabbin et de la rabbine de Mezeritch. Au pied d'un arbre gigantesque et majestueux. Prières, kaddish, cris. Silence.

L'hôtesse d'accueil a noté notre agitation et vient s'enquérir de l'état de Barbara, qui la rassure : elle a été prise d'une vague de souvenirs douloureux, il n'y a pas grand-chose à faire d'autre que les regarder passer, n'est-ce pas ? À Elisabeth qui veut prévenir la police, Barbara oppose que si quelques-uns pourraient nous croire, beaucoup ne prendront pas notre alerte au sérieux, refuseront la réalité, la réviseront : un prétendu dangereux criminel rôde dans les environs ? Mais où sont les victimes ? Sans cadavre, pas de meurtre, pas de crime, pas d'injustice. Seulement des menteurs. Des paranoïaques. Des pleurnicheurs. Des affabulateurs. Ah, ces Juifs…

Je suis hors de moi. Incapable de me résoudre à laisser le génocidaire s'en tirer. Je rejoins ma chambre, enfile mes runners, pénètre la nuit. Je m'en vais le rattraper, le livrer aux autorités, je ne crains plus un quelconque jugement, je l'exécuterai en pleine légitime défense. C'est alors qu'une chaleur étouffante me saisit, je sors dans le couloir, y vois rassemblés Elisabeth, Barbara, les villageois et des clients de l'hôtel surgis des issues de secours des étages supérieurs ; panique, agitation, je tourne les yeux et aperçois par une lucarne au bout du couloir une lueur rougeoyante. L'hôtel est en feu. Cerné par les flammes.

Contournant les principales entrées du bâtiment incendiées, Elisabeth entraîne Barbara, les villageois, les clients et le personnel de l'hôtel en direction de sa chambre, nous sortirons par la porte-fenêtre qui donne sur la forêt, mais alors qu'elle ouvre la porte de la 237, une torche brûlante fait flamber le lit du génocidaire, enflamme ses draps souillés du sang, de la sueur, de tous les fluides du vieux corps assassin, tout prend feu, la foule ressort, affolée, est alors évoquée la chambre 505 de Barbara mais Mila nous dit qu'elle aussi est incendiée, j'entre dans ma chambre, la 235, tous me suivent et je constate qu'ici encore une torche a été projetée sur la vitre mais les bols de lait des chats l'ont éteinte, laissant ma chambre intacte, alors je me précipite, ouvre la porte-fenêtre communicante, tous sortent, marchent une dizaine de mètres dans la neige, puis se retournent et s'immobilisent face au triste spectacle de la bâtisse en flammes. C'est un bûcher, un brasier d'holocauste, une malédiction. Corps calcinés enlacés d'une mère et de son enfant, désolation, obscurités, terreurs.

Mes runners aux pieds, je dépasse la foule, remarque des bénévoles qui offrent cafés et couvertures, des pompiers tentent de venir à bout de l'incendie, je pense à l'homme sans tête et sans cœur à l'origine des flammes, ni Elisabeth ni Barbara ni sa troupe ne me voient m'enfoncer dans la forêt. Passé les premiers mètres de neige boueuse, je distingue des traces de pas côte à côte avec des empreintes de sabots, les suis sur une dizaine de mètres mais bientôt il se met à neiger, les traces se confondent, plus rien n'est visible, je poursuis ma course, souffle court, les traces criminelles ne peuvent pas s'effacer comme ça, le crime ne peut pas, ne doit pas être oublié, le froid pénètre mes vêtements, je trace ma route sans prendre de repères et me perds à nouveau dans le bush. La nuit tombe et je me décourage. Je cours après un livre, une histoire, une résilience, mais je peux toujours courir. À traquer un démon encagoulé, je me sens encore plus seule, encore plus misérable que je ne l'étais face à lui. Quelle idée absurde que ce voyage en hiver au cœur de l'été. Dans la forêt de neige je perds pied, entre vengeance et mémoire, colère et recueillement, douleur et résilience. Je me sens disparaître. Pas de guérison possible, juste de temporaires rémissions et, par intermittence, un féroce espoir.

Soudain au loin, je reconnais le meurtrier : loin du vieillard courbé couché dans ce lit, il se tient debout, déterminé, terrifiant, comme rajeuni, revigoré, se repaissant des cendres et de la destruction. Derrière lui, une vingtaine d'hommes juchés sur leurs chevaux, torches à la main, s'enfoncent dans l'épaisseur du bush. Une armée de cosaques, combattants sanguinaires qu'il a agrégés au fil des ans aux aspérités de sa cape de bourreau idéologue et fanatique. Une milice de criminels qui brûlent, violent, mutilent, décapitent. Biberonnés depuis des millénaires à la haine du Juif, cosaques, nazis, terroristes islamistes du Hamas, tous partagent la même soif de faire couler le sang juif pour *purifier* le monde.

Je repense à mon visage, ce visage de l'ennemi du XXIe siècle d'après Elisabeth. Seul, il ne suffirait pas à combattre et à tromper le mal, il devrait être voilé, parler couramment l'arabe et le persan, devenir en somme aussi polyglotte, intrépide et caméléon que l'héroïne de la série israélienne *Téhéran*. Mais je l'ai dit, je ne suis pas une héroïne. Et contrairement à Elisabeth, face aux nazis de ce siècle, mon visage ennemi ne m'aiderait en rien : je serais invariablement assassinée, mutilée, violée, décapitée. Enfermée dans un tunnel et torturée à mort, ma photo de kidnappée arrachée sur les murs des villes. J'échouerais à survivre. Seuls les mots, les chants, les prières, les poèmes pourraient conjurer le mal. Seuls l'espoir et la joie pour défier l'obscurité. Et l'entêtement à lutter et à ne pas oublier.

Je les suis à bonne distance. Au sol, des branches craquent, je les évite, ils ne me voient pas. Et je comprends bientôt qu'ils cherchent un endroit où établir leur camp pour la nuit. Soudain les bruits cessent, les secondes s'étirent, l'air se charge d'électricité. J'interromps mes pas et je peux sentir le souffle, la chaleur, la présence haute à côté de moi : dans le silence, elle tisse la matière du temps, la densifie et l'orchestre au rythme des battements du monde ; je ne vois rien d'elle, ni tête ni corps, juste deux lueurs, deux points brillants qui percent l'obscurité, témoins lumineux de l'immense et souveraine chimère. J'entends son murmure interroger mon projet : pourquoi avoir abordé cette page noire de l'Histoire par ce bout minuscule, effiloché ? J'en conviens, j'ai pénétré la noirceur par une porte dérobée et je ne désespère pas de débusquer, parmi des millions d'autres, le fil sur lequel en tirant je dénouerai le nœud tragique. Le temps s'épaissit encore, la neige enveloppe la matière, je suis à l'orée de la clairière, celle où j'ai emmené Ethel et Mila se promener quelques heures plus tôt, celle où j'ai planté mon cercle de dynamite. C'est alors que le génocidaire et sa milice approchent, ils ont repéré mes pas, avides de survivants à achever, ils ne savent pas que la créature me cache, ils ne perçoivent rien d'autre que l'arbre centenaire. Je les vois descendre de leurs montures, s'asseoir dans ce bout de clairière et y installer leur camp ; je cherche dans la neige le bout de mèche que j'ai enfouie la veille, fouille plusieurs secondes dans la poudreuse, la retrouve enfin, sors un autre briquet, le frappe de mon pouce pour en actionner la molette, cette fois mes doigts ne s'engourdissent pas, une fois, deux fois, trois fois. Au milieu de la nuit surgissent de minuscules étincelles. J'approche la flamme de l'extrémité de la mèche.

Feu.

Les chevaux se cabrent, les hommes tombent, une ombre se faufile au milieu des gerbes de neige et disparaît dans la forêt. Une douloureuse certitude m'étreint et je comprends que le génocidaire est à nouveau parvenu à s'échapper.

L'explosion a fait fuir dans les ténèbres la présence souveraine. J'entends des crissements de pas dans la neige, chiens qui aboient, faisceaux vifs, cylindriques, la nuit se perce de rais de lumière, un réflecteur m'aveugle, et voilà qu'on m'enveloppe dans une couverture de survie, qu'on me donne un verre de thé brûlant, *hello miss how do you feel can you hear me are you all right ?*, je suis ces hommes dans la nuit, éclairée par leurs lampes torches et la chaleur de leurs présences.

Aux abords de l'hôtel, Elisabeth et Barbara m'attendent, blêmes et tremblantes de colère : comment ai-je pu me perdre dans le bush à une heure aussi avancée ? Ai-je conscience de la peur qu'elles ont eue ? Elles m'ont crue morte, dévorée par la nuit de la forêt. Elles me serrent dans leurs bras tout en poursuivant leurs reproches, et je comprends qu'affolées par mon absence, elles ont envoyé ces hommes me chercher. La nuit a été courte et douloureuse pour elles et le shtetl qui se recueille dans le souvenir vivace d'Ethel Goldblatt, de Simon et Dora Koenig. Je ne leur dis pas que le vieillard criminel s'est enfui. Je préfère leur raconter qu'il a été emporté par le souffle de la bombe que j'ai fabriquée en invoquant Beate Klarsfeld.

Chimère

Le vieillard claudique dans la nuit épaisse. Il aurait dû disparaître dans les Alpes autrichiennes, tué d'une balle dans la nuque par un membre de la Brigade juive de l'armée britannique. Il mourra dépecé dans les Alpes australiennes. Jusqu'ici son alliée en crime, la forêt s'apprête à se refermer sur lui. L'amoureux des animaux qui assassinait des hommes ne verra pas sa dépouille déchiquetée, évidée, broyée de mâchoires en mâchoires dans la nuit du bush. Il ne saura pas ses entrailles perforées, dilacérées, éparpillées par les esprits de la forêt. Il court, transi malgré la couverture qu'il a emportée après avoir exécuté Ethel, Simon et Dora. Son bras lui fait mal, il maudit Elisabeth, sa fille et tous ses Juifs, sa stupide petite-fille et ses bâtons de dynamite, il compte rejoindre le poste de secours de l'autre côté de la forêt, il a déjà en tête le mensonge qu'il va leur servir : il faisait une promenade en raquettes lorsqu'il s'est perdu, la nuit est tombée puis il a été attaqué par une meute de chiens sauvages. Bien sûr, il aimerait faire arrêter Elisabeth et ses alliées mais pas au risque de dévoiler son passé, ce passé qui s'est tenu bien sage à côté de lui pendant toutes ces années. Parfois ses souvenirs avaient faim et resurgissaient, incontrôlables, cherchaient la lumière, s'immisçaient dans les brèches, sa haine voulait se repaître du monde, cette irrépressible envie de dépecer tous les inutiles, les parasites, les autres, tous les autres, et ce soir, surtout ce soir, il l'a libérée, l'a laissée prendre le contrôle. Il s'arrête, s'appuie sur un tronc d'arbre, essoufflé, regard baissé vers le sol glacé ; encore quelques mètres dans le froid et il s'en sortira. Pas un instant il n'a cru ces femmes capables de l'éliminer, inaptes à accomplir la moindre mission, infoutues d'obéir, de goûter l'ordre, la satisfaction du devoir accompli, la piqûre étourdissante face à un cadavre ennemi proprement éliminé, elles ne savent rien de la Grandeur véritable, de l'Absolu, misérables poux pullulant à la surface de la terre, elles ne savent pas l'Idéal de pureté d'un monde vidé de ses Juifs et de ses médiocres, il aurait dû les supprimer tous mais l'heure n'est pas aux regrets. Il poursuit sa route, marche dans les ronces, écrase la neige, se tient éloigné du ravin, trébuche dans une ornière boueuse. C'est alors qu'elle approche.

Géante, majestueuse, le pied sûr, le souffle chaud. Ses grands yeux en colère le sondent : qui est-il pour oser fouler ses terres ? Quelle puissance l'a autorisé à pareil affront ? De sa haute silhouette arquée, imposante de noblesse et de grâce, la créature est une splendeur et le misérable en face l'est d'autant plus, hideux, vil, minuscule. Impuissant à décrocher son regard de celui de l'animal, il comprend, fasciné, qu'il mourra piétiné sous les prodigieux sabots de la forêt. Sa mort sera lente, cruelle, effective. Il tremble, se redresse, recule, se cogne à un arbre, le contourne, commence à courir mais la bête le rattrape, le pousse, il tombe sur son bras blessé, gémit, pitoyable, et la beauté le toise ; elle lui assène un premier coup, puis un deuxième, il implore, rampe, recule, elle poursuit, un troisième, un quatrième, il supplie mais déjà sa voix faiblit, elle continue, un cinquième coup, le voici presque inerte alors elle le transperce, l'embroche de ses bois, le troue et le traîne sur le sol glacé qui l'égratigne, écorche ses paupières, laboure ses chairs, efface ses traits, son visage n'est plus que sanguinolence, magma rougeâtre, sillons à vif, elle le traîne encore, il perd toute forme, tout contour, puis elle le jette au creux du monde, dans le ventre obscur, le gouffre des origines, la craquelure de la terre.

Et cependant la haine trouvera un nouvel antre.

Re-member

Dans une tente de fortune installée sur le parking de l'hôtel, les policiers interrogent les clients un par un. La piste de l'incendie criminel étant explorée, il s'agit de comprendre qui comment pourquoi. La disparition de Carl Schubert ayant par ailleurs été signalée par le personnel de l'établissement, la police recueille le témoignage d'Elisabeth en tant que proche du disparu. Elle raconte le coup de folie de son « vieil ami » parti se promener seul dans le bush quelques minutes avant que le feu n'éclate, coup de folie malgré tout prévisible car force est de reconnaître qu'il avait présenté, lors de ce séjour plus qu'aux précédents, des signes de détérioration cognitive sensiblement perceptibles, mais vous savez comment sont les choses lorsqu'on apprécie quelqu'un, on préfère détourner les yeux, croire que ce qu'on ne veut pas voir n'existe pas et penser qu'ainsi on souffrira moins. Comme Elisabeth regrette de ne pas avoir pris ces avertissements au sérieux. Tout aurait tourné moins tragiquement. Le policier lui rappelle que le vieillard aurait été vu courant à moitié nu dans les couloirs de son étage. Pourquoi ne pas avoir alerté sur son état ? Programmé un examen médical ? Elisabeth laisse passer un temps. Puis, sur le ton de la confidence, explique qu'elle n'en a pas eu le courage : ce monsieur était devenu en quelque sorte son compagnon, vous comprenez ? Il ne goûtait pas la compagnie des médecins, elle ne voulait pas le contrarier. Mais comment explique-t-elle la défection de l'infirmier et assistant personnel du disparu dès le début de son séjour ? Il semblerait, précise Elisabeth, que le jeune homme en ait eu assez des caprices et sautes d'humeur du vieillard, qui s'étaient accentués depuis peu. Voilà pourquoi nous avons été plus proches de lui ces temps-ci, ma petite-fille, ma fille et moi. Nous avons pris soin de lui, il a même eu droit à une coupe de cheveux et à plusieurs parts de son gâteau favori. Le policier opine, la remercie et demande à parler à Barbara mais celle-ci dit être trop accablée pour témoigner, et puis elle le connaissait si peu. Le policier s'adresse alors à moi et je déclare n'avoir rien remarqué de plus chez ce vieux monsieur que je m'apprêtais à considérer un peu comme mon grand-père, hormis sa perte d'appétit, mais grâce aux mille attentions de ma grand-mère, il s'était un peu requinqué ces dernières heures. Je suppose que ses proches ont été prévenus, mais l'agent précise que le disparu n'a aucune famille en Australie : seulement des chiens dans son jardin, des lapins dans sa grange, des papillons morts aux murs de sa maison et une gigantesque tête de cerf surplombant sa cheminée.

La police est partie depuis plusieurs heures déjà et Elisabeth est demeurée assise dans le fauteuil club de sa chambre qui porte encore des marques de calcination. Barbara, son shtetl, ma grand-mère et moi sommes supposés rentrer à Melbourne le lendemain mais Elisabeth est incapable de se lever. Elle ne cesse de vomir et m'implore de ne rien dire à sa fille, inutile de l'inquiéter, c'est un coup de mou passager, rien de préoccupant, dès demain elle sera remise sur pied. J'obéis et je promets à Barbara et son chœur qu'Elisabeth sera prête à temps. Tous me croient, ne se doutent de rien, pris dans les griffes noires de leur chagrin. Je regarde Elisabeth assise dans ce triste fauteuil, pâle, exténuée ; je la veille, prends sa température, lui donne verre d'eau et médicaments, pose une serviette fraîche sur son front, allume ou éteins la radio selon ses désirs, lui fais la lecture, l'accompagne aux toilettes, puis à la douche. Ce qu'elle extirpe de son corps est vertigineux, effrayant, gigantesque. Elisabeth expulse la bête.

Entre deux moments de crise, elle murmure en souriant qu'elle a décidément beaucoup de chance : si elle n'avait été contrainte par la guerre de quitter Lvov, elle serait morte irradiée quelques décennies plus tard sous le nuage de Tchernobyl ; et si son unique petite-fille avait eu le talent de tuer un vieux salaud, elle aurait fini en prison. Au fond, la médiocrité des hommes et de sa petite-fille l'a sauvée. Elisabeth a chaud, elle délire, s'inquiète que le vieillard ne revienne nous tuer. Je lui donne une gorgée d'eau et la rassure : s'il n'a pas été tué dans l'explosion de la bombe, il erre, blessé, sans eau ni nourriture, dans une température de glace, et finira par rompre telle une souche figée par le gel. À la voir si fragile, je crains qu'elle ne se brise en autant d'éclats de temps passé, présent et possible. Mais elle tient bon, sa carcasse se libère et laisse derrière elle, flottant au milieu de la page, une singulière dépouille.

À mon tour je m'endors, la tête chargée de rêves.

Je suis à l'entrée d'une grotte. La lumière extérieure en éclaire mal les parois bosselées, modelées dans une argile moite par une main d'enfant ; on y devine, inscrites dans la matière suintante, des traces de paumes et de doigts ; je me tiens face à ce tunnel dont je peine à distinguer les contours et duquel aucun jour ne perce ; l'argile goutte en étonnantes stalactites, je me baisse et arrache au sol et aux murs de larges poignées de terre poisseuse que je commence à malaxer, sculptant, maladroite, une étrange pâte de laquelle une créature pourrait surgir, terrifiante, sous mes yeux surpris. Je pétris encore, gauche, comme on apprend à écrire, comme on se départit du brut et du visqueux pour faire éclore formes et contours, comme on trace des lignes claires loin des flous qui absorbent et inquiètent ; comme on essaie à toute force d'exister. Je ne sculpte qu'un grand E. Le E d'Elisabeth.

Lorsque je me réveille, Barbara et son shtetl sont à son chevet. Face aux murs noircis de la chambre 237, ils n'ont qu'une seule préoccupation : faire de la place à la fraîcheur après les brûlures, au soleil doux après l'enfer, écrire et dire des mots simples qui, après les cris, les coups, les hurlements, font monter des larmes, je vous en prie merci à vous aussi à bientôt j'espère bonne journée, y inscrire des noms, tous les noms, les faire vibrer dans le silence compact d'une mémoire retissée, à chaque nom son horloge, sa voix, sa musique, aux côtés d'Ethel, de Simon, de Dora, noircir la toile blanche de tous les noms-mondes partis trop tôt, les broder sur l'étoffe, gonfler les draps-voiles du souffle de ces mémoires arrachées et les laisser voguer sur les lignes des siècles.

Barbara me prend un instant à part et, délicate, me remercie d'avoir veillé sa mère. Elle ne m'en veut plus d'avoir nourri cette fable, d'autant qu'Elisabeth en a semble-t-il tiré une certaine paix. Et en effet, ma grand-mère va mieux. Elle est certes affaiblie par l'effort du combat, mais sereine. Elle embrasse Barbara et sa troupe qui prennent congé et rentrent en éclaireurs à Melbourne préparer son retour. Je serre fort Wanda, Janusz, Mila et les rabbines, le jeune rabbin discret me fait promettre de rencontrer le garçon qu'Elisabeth a choisi pour moi et je promets en souriant. Une fois que nous sommes seules, ma grand-mère lève les yeux vers moi, reconnaissante et désolée.

– La mission était impossible, *sweetheart*. Cet homme est l'origine du mal.

Je la rassure, je n'ai aucun regret. J'ai été honorée de la confiance qu'elle m'a accordée en m'incluant dans son récit, mais elle ne m'écoute pas, soucieuse de moi comme elle ne l'a jamais été.

– Que vas-tu raconter à présent ? Tes histoires de chats ? Et si te prend l'envie de raconter cette histoire, comment justifieras-tu mon entêtement, mon inconscience, loin de toute légalité, de toute justice officielle ?

Je n'aurai rien à justifier dès lors qu'il s'agira d'un conte, mais elle poursuit :

– À toi de voir et de choisir : tu peux écrire ou ne pas écrire, raconter cette histoire ou en raconter une autre, te mettre au tricot ou à la course à pied. Rien ne t'oblige, tu es libre, libérée de moi et surtout de lui.

Mais le suis-je vraiment ? Quoi qu'il en soit je promets de continuer d'écrire, avec l'obstination du coureur de marathon, l'ivresse de celui qui croit chanter juste, l'audace du funambule qui dépose en équilibre un livre sur une branche, tête en bas et mots à califourchon ; écrire comme on tisse des étoffes, comme on bâtit des ponts, comme on relaie un cri.

Elisabeth s'est endormie et moi, puisque j'ai promis, je continue.

Le 21 juin 1941, dans la ville de Lvov, Lea Lieberman assiste à son premier bal. La veille de l'opération *Barbarossa* et des premiers bombardements allemands qui s'abattront sur sa ville natale, la ravissante Lea danse dans les bras de David, garçon charmant et fils unique d'une famille de petits commerçants juifs, source de toutes leurs joies et objet de toutes leurs attentions. David, ses cheveux noirs bouclés et ses yeux marron clair, est l'incarnation du *nachès*, terme yiddish qui désigne cette subtile combinaison de satisfaction, de fierté et d'obsession quasi amoureuse qu'ont les parents comblés pour leur progéniture.

Lea danse et s'amuse aux bras de ce garçon doux et sûr d'être aimé, son premier bal, sa première danse, elle vient d'obtenir son baccalauréat et une joyeuse vie d'étudiante s'ouvre à elle. David lui donne rendez-vous le lendemain pour une séance de cinéma dans le centre-ville, Lvov est sous occupation soviétique depuis deux ans, on y donne *Le Bal masqué* de Sergueï Guerassimov, d'après la pièce de Lermontov. Son premier rendez-vous amoureux sous le signe d'un drame pétersbourgeois.

Le lendemain, les bombardements allemands pleuvent sur la ville. Mais Lea se rend, bille en tête, à son rendez-vous. Est-ce pour le film ? Pour ce joli garçon ? Pour les deux ? Quoi qu'il en soit, elle défie les bombes et les militaires, et attend, cœur battant, devant les portes du cinéma. David ne vient pas. Elle rentre chez elle, déçue, et un peu amusée aussi par sa naïveté. Elle apprend le jour suivant que David, honorant la convocation de l'occupant allemand d'apporter son poste de radio au commissariat le plus proche, s'est fait lyncher par une bande de Polonais et d'Ukrainiens nationalistes qui l'ont repéré comme Juif et voulaient son appareil. David a été assassiné en pleine rue. Quelque temps plus tard, elle est prise dans une rafle et sauvée par un regard. Et bientôt Lea Lieberman s'évanouit dans une ruelle du ghetto de Lvov et Elisabeth Raczyńska arrive à Varsovie.

Lea a bravé les bombardements pour une séance de cinéma avec un garçon qui n'est jamais venu. Ainsi fut, comme elle le dit dans son anglais caillassé, sa première *date*. C'est un héritage positif et conscient aux femmes après elle : celui d'un amour inconditionnel du cinéma et d'un amour tendre et désillusionné des hommes. La souffrance-chimère est ici une absence, absence de l'homme au rendez-vous, absence de danse, absence de bal, hormis ce bal étudiant d'avant-guerre, le seul de toute sa vie. Il appelle d'autres bals, d'autres danses. D'autres chorégraphies.

Dernier bal

Ce matin j'ai reçu un de ces coups de fil qui se produisent dans les films ou les séries : une conversation grave et concise où l'héroïne apprend la mort d'un être cher. Ce matin Barbara m'a appris la disparition d'Elisabeth. Il m'est matériellement impossible d'être à Melbourne pour assister à ses funérailles, celles-ci étant programmées comme le veut la tradition dans les vingt-quatre heures qui suivent le décès. Par un curieux hasard, je ne suis pas chez moi quand j'apprends la nouvelle, mais dans une petite maison des Alpes-de-Haute-Provence qu'on m'a prêtée pour terminer mon roman sur la filiation de femmes et les souffrances-chimères.

J'ai rejoint le Vieux Continent depuis plusieurs semaines déjà et retrouvé avec bonheur la fin de l'été et des terres plus familières. Alors, à défaut de funérailles, je m'en vais invoquer ma grand-mère dans la campagne provençale. Mais je ne cours pas ; je marche, me promène, traînant ma mue comme une ombre derrière moi. La veille de mon départ, j'avais eu rendez-vous avec une comédienne pour l'adaptation de mon scénario sur le prince félin. Mon histoire avait trouvé preneur dans une version résolument thriller où le chat se transforme en homme amoureux, et l'héroïne en rédemptrice sacrificielle. Arrivée en retard dans ce bistrot parisien, je la vois qui m'attend, installée seule à une table du fond. La comédienne britannico-américaine apprécie ce personnage de femme qui brave tous les tabous pour sauver son amour (l'héroïne tue de sang-froid un être malfaisant pour délivrer l'homme qu'elle aime). Tandis que je l'écoute, incrédule, me chanter les louanges de mon scénario, je détaille son visage moucheté de taches de rousseur, ses fines rides de quadra lettrée, sa bouche souriante, ses yeux profonds, sa voix grave. Il y a quelque temps encore, j'aurais voulu plonger dans ce visage-là, m'y fondre, m'y confondre, vivre au gré de ses pas, au rythme de son souffle, aux battements de son cœur. Il y a quelque temps encore, à l'orée de cette femme flamboyante, j'aurais voulu abriter mon âme égarée, réparer ma psyché, faire de sa peau le bouclier de mon corps absent. Il y a quelques mois encore, j'aurais été traversée par ces pensées et, une fois seule, j'aurais plongé tête baissée dans une spirale d'amnésie grasse et sucrée. Mais pas aujourd'hui. Pas maintenant. Est-ce parce que j'ai su abandonner ma mère à la mémoire de son enfance retrouvée ? Parce que les mots m'ont revertébrée ? Que les souvenirs des femmes avant moi se tiennent à présent clairs et déliés sur ma ligne de temps ? À voir cette femme toute pleine de sa beauté entêtante, je l'admire sans m'oublier, ma peau comme frontière de mon être, existant face aux corps envoûtants, aux femmes combattantes.

J'emprunte un sentier de terre au milieu des vignes et de la bruyère. Ce matin l'air est léger, la nature luxuriante, une douce grâce émane de ces paysages sucrés et odorants.

Quand soudain je perçois un souffle, un lourd rideau au-dessus de moi qui se déroule et tombe sur la scène ; je relève les yeux, ils sont mille, peut-être plus, qui volent en chœur, nuée d'étourneaux qui se déplacent en volutes dansantes, forment et déploient une incroyable chorégraphie, feuilles mortes emportées par la bourrasque, pépites dorées face au soleil, mer aux mille reflets, voile d'un bateau dont la coque est de vignes et de buissons, goutte d'eau immense, pagne, chapiteau, bruissement formidable qui dessine le vent, dôme sacré au-dessus de ma tête, créature gigantesque qui plane sur les terres, enfile sa veste, ôte son chapeau, et voilà que la tête part d'un côté, le buste de l'autre, avant de se rejoindre et de se recoudre ensemble, envoûtant un morceau de ciel de sa danse ample et liquide, et je reste émerveillée ; mais brusquement la toile s'étiole, se détache, tous s'éloignent, quelques points noirs volettent ici ou là, anarchiques, la forme disparaît, le rideau de théâtre s'efface et laisse place au somptueux décor des champs. Un silence. Je les guette, les regrette. Et là, tel un immense ressac, les voilà qui reviennent par milliers et retendent un drap souple au-dessus de la plaine, se font pluie tapageuse, paires de mains qui applaudissent, une force invisible les tient, pièces voletantes d'un incroyable puzzle, et alors qu'on jurerait qu'ils vont s'éparpiller, ils s'agglomèrent d'un coup et donnent corps à la créature de la forêt. Majestueuse, juste, souveraine. Exposée, déposée, recomposée, la figure du cerf se déploie, souple et éphémère, s'articule en pièces d'étourneaux voltigeurs, se tisse dans des fragments de temps échappés des souvenirs, s'écrit lettre après lettre au creux des ventres et des fables ; et danse au bras de l'âme joyeuse de ma grand-mère.

Épilogue

Ma grand-mère maternelle se prénommait Joanna, elle et moi avons correspondu plusieurs années. Joanna a été Lea Lieberman, puis Joanna Raczyńska, Joanna Czerwinska, Joanna Szedrowicz et Joanna Noe. Tous ses souvenirs, ses maris, ses regrets, son courage sont ceux que j'ai prêtés à Elisabeth.

Un jour, j'ai reçu d'elle cette lettre :

Melbourne, 13.9.2003

My dearest granddaughter,

Thank you for your letter.

The days are not easy right now in Melbourne, between my tough husband number three and my youngest daughter (who is much more difficult than your mother has ever been).

But I don't want to bore you with my everyday worries.

Did I tell you about my last holidays in Mount Buffalo? I was joining some friends, as I've been doing every winter since seventeen years now. But this year, something strange occurred: there was this old German man with a serious heart condition who started to flirt with me one morning (you know I speak good German, poor man was so happy I could speak his language), but then I realized he was a genuine racist and antisemite, most probably a Nazi during the war but of course, he didn't suspect me at all of being Jewish, thanks to my looks that saved me during the Holocaust. Just imagine: I could have married him and told him on the very wedding night that I was Jewish and he would have died from a heart attack. That would have been the perfect crime, don't you think?

Hope to read you more soon.

Love and kisses from "down under" Australia,

Your grandma

Ma chère petite-fille,

Merci pour ta lettre.

Tout n'est pas rose à Melbourne, entre mon mari numéro trois toujours aussi rude et ma plus jeune fille (qui est bien plus difficile que ta mère ne l'a jamais été).

Mais je ne veux pas t'embêter avec mes problèmes.

T'ai-je parlé de mes dernières vacances à Mount Buffalo? Je rejoignais des amis, comme chaque hiver depuis bientôt dix-sept ans. Mais cette année, il s'est produit une chose étrange : un vieil Allemand cardiaque a commencé à flirter avec moi un matin (tu sais que mon allemand est bon, le pauvre homme était si content que je parle sa langue), jusqu'à ce que je comprenne que j'avais affaire à un véritable raciste doublé d'un antisémite, probablement un nazi durant la guerre, mais il ne m'a évidemment pas suspectée un seul instant d'être juive, grâce à mon look aryen qui m'a sauvée pendant la Shoah. Imagine un peu : j'aurais pu l'épouser et lui révéler lors de la nuit de noces que j'étais juive, et il serait mort d'un arrêt cardiaque. Ça aurait été le crime parfait, non ?

J'espère te lire bientôt.

Des baisers de l'Australie « down under »,

Ta grand-mère

Joanna à Varsovie en 1946

Remerciements

Merci à mes amies Anne Luthaud et Anne Vandewalle, deux Anne-chimères du côté merveilleux, qui m'ont prêté leur antre, leur grotte, leur chambre à elles, des lieux à l'abri du monde, si nécessaires à l'écriture de ce livre.

Merci à ma mère Marie-Rose d'accueillir avec confiance la vision fictionnée que j'ai d'elle et de sa mère.

Merci à mon frère Marc et à mon père Simon d'accepter d'être écartés un temps du récit familial pour me laisser évoquer une lignée de femmes.

Merci à ma fille Anouk pour son talent et son aide à dérouler l'intrigue ; et merci à mon compagnon Oren pour sa clairvoyance et sa patience.

Merci à mon éditrice Marie Eugène envers qui, mais elle le sait, ma gratitude est éternelle.

Enfin, merci à ma grand-mère Joanna d'avoir existé.

Sources et bibliographie

Mark AARONS, *Sanctuary! Nazi Fugitives in Australia*, William Heinemann Australia, 1989.

Michel BAR-ZOHAR, *Les Vengeurs*, Fayard, 1968.

Jonathan COE, *Billy Wilder et moi*, traduit de l'anglais par Marguerite Capelle, Gallimard, 2021.

Beate et Serge KLARSFELD, *Mémoires*, édition augmentée, Fayard/Flammarion, 2015.

Abba KOVNER, *A Canopy in the Desert. Selected Poems*, University of Pittsburgh Press, 1973.

Abba KOVNER et Nelly SACHS, *Selected Poems*, Penguin Books, 1971.

Claude LANZMANN, *Le Lièvre de Patagonie*, Gallimard, 2009.

Robert MERLE, *La mort est mon métier*, Gallimard, 1972.

Dina PORAT, *Le Juif qui savait. Wilno-Jérusalem : la figure légendaire d'Abba Kovner, 1918-1987*, traduit et adapté de l'anglais et de l'hébreu par Alexandra Laignel-Lavastine, Le Bord de l'Eau, 2017.

Anne-Lise Stern, *Le Savoir-Déporté. Camps, histoire, psychanalyse*, Seuil, 2004.

Gordon Thomas, *Histoire secrète du Mossad. De 1951 à nos jours*, traduit de l'anglais par Hubert Tézenas et Mickey Gaboriaud, Points, 2006.

Elie Wiesel, *Célébration hassidique. Portraits et légendes*, Seuil, 1972.

Simon Wiesenthal, *Justice n'est pas vengeance, une autobiographie*, traduit de l'allemand par Odile Demange, Robert Laffont, 1989.

Claude Lanzmann, *Shoah*, film documentaire, 1985.

Michel Pomarède, *Les Chasseurs de nazis*, documentaire radiophonique de 40 épisodes, France Culture.

Nicolas Werth / Annettte Wìeviorka *in* Le Cours de l'histoire / Série : Quand la religion tue / Épisode 3/4 : Pogroms en Russie, quand la persécution des Juifs devient une habitude.

Billy Wilder *in* « Billy Wilder receiving the Irving G. Thalberg Award », https ://www.youtube.com/watch ?v=kebqj_grGC0

Adam Mickiewicz, extrait du poème « Grażyna », traduction anonyme.

Cet ouvrage
a été mis en pages par In Folio
reproduit et achevé d'imprimer
en décembre 2024
dans les ateliers de Normandie Roto Impression s.a.s.
61250 Lonrai
N° d'imprimeur : 2404946

Imprimé en France

Dépôt légal : janvier 2025